Boundaries and Relationships

人际界限

〔美〕查尔斯·惠特菲尔德◎著　李丹旻◎译
（Charles L. Whitfield）

中国友谊出版公司

图书在版编目（CIP）数据

人际界限 /（美）查尔斯·惠特菲尔德著；李丹旻
译 . -- 北京：中国友谊出版公司，2022.8
ISBN 978-7-5057-5460-7

Ⅰ . ①人… Ⅱ . ①查… ②李… Ⅲ . ①人际关系
Ⅳ . ① C912.11

中国版本图书馆 CIP 数据核字 (2022) 第 057338 号

著作权合同登记号　　图字：01-2021-7062

Original title：Boundaries and Relationships
Copyright ©1993, 2010 Charles L. Whitfield
Chinese translation copyright © 2022 by Beijing Standway Books Co., Ltd.

Published by arrangement with
HEALTH COMMUNICATIONS INC., Deerfield Beach, Florida, U.S.

书名	人际界限
作者	[美]查尔斯·惠特菲尔德
译者	李丹旻
出版	中国友谊出版公司
发行	中国友谊出版公司
经销	新华书店
印刷	河北鹏润印刷有限公司
规格	710×1000 毫米　16 开 14.5 印张　197 千字
版次	2022 年 8 月第 1 版
印次	2022 年 8 月第 1 次印刷
书号	ISBN 978-7-5057-5460-7
定价	69.00 元
地址	北京市朝阳区西坝河南里 17 号楼
邮编	100028
电话	(010) 64678009

前　言

当我第一次读查尔斯·惠特菲尔德的经典作品《疗愈内在小孩》时，就被他清晰而熟练的文笔所吸引。他为"唤醒真我"这一至关重要的主题带来了新的启示。在本书中，他将我们引领到了一个同样关键的主题上：创建能够滋养和保护真我的界限。

界限，标志了"我"和"你"的边界。这似乎很明显。但关键问题在于：你和我，是两个独特且独立的个体，这到底意味着什么？如何将自己与他人关联，又暗示了什么？

我们的内在生命包含了我们的情感、思想、要求和需要，以及我们的价值观、希望和梦想。它们对我们至关重要、意义非凡。这是定义我们是谁的关键内容。它们构成了惠特菲尔德所称的"真我"的主要成分，没有人能从我们身上夺走它们。

个人成长的中心任务就是展露与活出真我。但真实和坦诚却是知易行难，因为这会让我们在关系中显得脆弱。它会将我们暴露在一种令人害怕的被指责、被拒绝和被伤害的可能性中。这种对我们敏感灵魂的侵犯，可能会让我们迅速撤回到一个封闭和苦涩的内壳中。在那里，我们感到自己是不好的、卑下的和毫无价值的，于是我们便感到展露真我是不安全的。

那些曾经被拒绝、被抛弃或被背叛的人深谙对他人敞开心扉带来的后果。他们曾被严厉冷酷地对待。于是，他们退回到自身的内心深处，隐藏起自己对他人最深的情感、希望和渴求，甚至也欺骗自己。他们决定不再信任，对爱与被爱感到危险。这是多么令人悲哀的事情。

比起关闭心扉、防止内心受到伤害，我们还可以选择一条更有希望的道路，这也就是本书的主题：学会设置个人界限。**学会如何对他人设置清晰的界限，能够确保我们在这个冷漠的世界中活出真实的自己，无论这种冷漠是否是别人有意为之。**界限能够为我们提供必要的保护，帮助我们跨越日常生活中经常遭遇的障碍。

如果在建立健康界限方面的能力获得了增长，我们就会更加肯定和尊敬自己。如此，当遭受不公平的攻击、指责、拒绝或虐待时，我们就不会表现得像过去那样——只是个被动的受害者。当发掘了自己的内在资源时，我们就能以自身的力量去应对，而不是用无价值感、绝望或愤世嫉俗的心态回避了事。

一味地顺从他人，而不去肯定自己，正是不健康的依赖共生关系的核心——为了被他人接纳，我们放弃了自己的内在生命。依赖共生导致了自我背叛。我们为了取悦他人或给别人留下良好的印象而放弃了自己。当我们背叛了真我，自身的统整性就会受损，我们的心灵便会枯萎。拥有健康的界限会让我们从自我背叛转为自我肯定、自我尊重和自我信任。

通过保护真我，界限会让我们在表达自己的情感、愿望和观点时感到更加安全和自由。我们能够在接纳别人也会有与我们不同的情感、思想、需要和观点的同时，依然肯定自己的内在生命。透过健康的界限，我们既可以要求别人尊重自己，同时也能够尊重他人。

界限保护我们，但又不会令我们与别人分隔。相反，它为健康合理的亲密关系提供了基础。一段关系需要由两个具有连接感的人组成。如果缺乏对内在生命的觉知，我们就会被关系绊住而无法享受亲密，彼此的情感、要求和需要就会混杂在一起。失去了对内在生命的洞察，我们可能会感到怨恨，因为我们无法对自己保持真实。我们没有花时间去留意自己真正想要什么。不只是自己，双方都会受伤。如果我们不及时设置界限，往后还可能会报复性地去设置它。而这会加深冲突，甚至导致背叛或抛弃。

通过调整界限，我们可以决定让谁接近我们，以及接近的程度。透过切身体验，我们开始了解自己的"可以"和"不行"，这可能跟别人的"可以"和"不行"是不同的；当我们感到安全舒适，就能允许自己跟别人亲近了。当我们感到疏离和不安，也可以拿出来讨论，这或许能够解决阻碍亲近的差异和冲突。

最有效的界限是灵活的。我们可以坚定自信，同时又不带攻击性。我们可以坦率地表达自己的需求和感受，同时也对这些言辞给别人带来的影响保持敏锐。我们可以既温柔又有力，既坚定又有礼。我们可以与他人在保持共同的开放和探索的基础上进行对话。界限不是对付别人的武器，而是一种让我们可以保持自我，同时又能维护关系的方法。

这本重要的书帮助我们探索关于界限的基本问题以及它非常微妙的方面。例如，当我们发展出对界限的觉知时，我们会发现别人可能会施虐于我们，而我们也可能会施虐于他人（这究竟是他人的问题还是自己的问题）。又例如，我们如何对他人不可接受的行为设限？我们如何发现那些让我们忽视自己实际体验的核心因素？我们如何避免不健康的三角关系（针对第三方的，具有破坏性的联盟）？我们如何发现过去的伤害，并站出来叫停现在的虐待行为？……这些以及其他关于界限的重要问题，在本书中，由一位在依赖共生领域备受尊崇的心理治疗师清晰而满怀关切地提了出来。

我们有必要了解界限，以及有权对他人设置界限。事实上，我们有责任这样去做——无论对己还是对人。对于爱与亲密，界限是必需的。它让我们自爱，同时又保护和滋养了我们珍视的关系。本书涵盖了一个新的领域，帮助我们在关系中的顺从与支配之间找到中道。承诺在自尊自爱和爱护他人之间寻找平衡，我们将得到新的领悟，从而跳好活出真我和维护关系的"刀锋之舞"。

约翰·阿莫德奥博士

目录
CONTENTS

概　述 / 001

界限，一般指的是"我"与他人之间的心理边界。界限对每一个人来说都非常重要，它关系到我们能否活出真实的自己，也决定着人际关系的好坏。本章简要介绍了"界限"议题的方方面面，同时也是本书的基本框架。

Chapter 1　界限的定义 / 001

本章介绍了界限的基本含义以及构成元素。其中，"内在生命"是认识界限的关键要素。当我们觉知到自己的内在生命时，就能很容易地清晰划定自己和他人的界限。

Chapter 2　检视自我界限 / 011

本章提供了一份可以检测自我界限感的问卷，并且从心理动力学的角度对不同的选项给出具体的解释。从中，我们或许能够发掘出自己身上的某些界限问题。

Chapter 3　界限的历史 / 039

　　界限并不是一个新的概念。古往今来，许多的智者、学者都对界限问题做出过某种程度的论述。这些不同的视角、观点，能够帮助我们更深入地了解界限的历史和内涵。

Chapter 4　界限与个人发展 / 047

　　本章详细描述了从婴儿期到成年期，人们的界限是如何一步步发展起来的。在健康和不健康的家庭中，个人界限的发展会出现截然不同的状况。

Chapter 5　界限与退行 / 059

　　退行是自我界限受到威胁时经常出现的心理防御机制，此时，我们会暂时退回到早期的发展状态中，以此来减轻所受的心理压力。认识退行，是疗愈的开始。

Chapter 6　界限与投射性认同 / 067

　　与退行类似，投射性认同也是一种不健康的心理防御机制。它是指当一个人否认或拒绝看到自己内心世界的某些部分时，却引导他人承接并表达出来，并对其横加指责。认识投射性认同，有助于我们理解健康互动的本质。

Chapter 7　界限的辨别与确认——第一部分 / 081

在认识健康的人际界限之前，我们首先应该了解自己的内在生命，也就是体验、辨别那些属于"我"的信念、思想、情感等内容。

Chapter 8　界限的辨别与确认——第二部分 / 093

了解自己的内在生命之后，我们第二步要做的就是辨别、处理那些不属于自我的内容。当我们清晰认识到"什么是我的，什么不是我的"之后，健康的界限便随之浮现。

Chapter 9　健康的界限 / 109

健康的界限既能保护自我的统一性和完整性，又能帮助我们维持健康、和谐的人际关系。它具有持续性、灵活性和包容性等多种特点。了解什么是健康的界限，是我们修复关系的起点。

Chapter 10　界限与关系中的基本动力 / 119

本章介绍了关系发展及维持的基本动力。了解这些动力，能够帮助我们探索和寻求健康的人际关系。

Chapter 11　界限与核心议题——第一部分 / 135

在疗愈的过程中，我们会遇到某些关键性的阻碍，这被称为"核心议题"。本章介绍了修通核心议题的基本方法和步骤，并详细讲述了"害怕被抛弃""控制"等核心议题。

Chapter 12　界限与核心议题——第二部分 / 147

本章进一步介绍了例如"忽视自身的需要""难以处理冲突"等核心议题，同时还介绍了核心议题间的交互作用。借由修通核心议题，我们能够体验到内心真正的和平与喜悦。

Chapter 13　三角关系 / 155

三角关系是一种常见而且不健康的关系形式。当两个人之间关系的痛苦变得难以忍受时，他们中的一人或双方就可能会把第三方卷入进来，企图以此减轻痛苦。本章详细介绍了三角关系的起因、症状、后果以及多种表现形式。

Chapter 14　去三角化：避免和摆脱三角关系 / 167

三角关系具有普遍性、蔓延性和破坏性，要避免和摆脱它们并非易事。本章从个体资源、角色和动力等方面介绍了去三角化的方法，帮助我们改善当前的关系现状。

Chapter 15　疗愈的阶段和过程 / 183

本章介绍了疗愈所需的4个阶段以及能够让疗愈变得顺利和成功的12种基本行为。这些方法将帮助我们持续朝着更加丰富和喜悦的人生迈进。

Chapter 16 界限的其他原则 / 205

　　本章介绍了有关界限与关系的一些额外方面。例如我们在设定界限时应该采取什么样的态度，我们该如何寻求帮助，拥有什么样的个人权利，等等。这些内容能够帮助我们更完整地认识界限。

概　述

本书描述了个人界限在生活和治疗等多个方面的作用，包括获得内在的和平与宁静等，适合专业咨询师和普通读者阅读。界限几乎是治疗过程中改善所有不健康关系、疾病和状况的关键因素。下面是对本书内容的简介：

介绍、概述和个人界限问卷

第1章是关于个人生活中界限的简介和概述。什么是界限？它会影响我们生活的哪些方面？如何在关系中使用它们？在第2章中，读者可以通过关于日常生活的问卷对自己的个人界限进行自测。书中为问卷的每个问题补充了具体描述。

从发展的视角看界限的起源和历史

第3章展示了过去2500年来不同的理论家、教师和专业咨询师是如何看待界限的。第4章以发展的视角描述了界限的起源以及界限如何变得健康或不健康。我们是如何发展出健康或不健康的界限的？我们又该如何疗愈自己的界限问题？

退行

对本书作者而言，第5章是最基本也是最有用的。书中描述了退行的现象，并展示了在疗愈因退行而造成的心理伤害过程中，界限如何起到关键性的作用。由此我们开始对自己有了更多的理解和洞察，并开始转化不健康的关系。

关系中的给予和接收：投射性认同

接下来的第6、7、8章，主要内容是对"给予和接收"现象的简要描述。这是被治疗师们称为"投射性认同"的现象，也是避免不健康界限的关键因素。这里我们开始实施操作步骤，当关系中有冲突时，可以辨别出冲突中哪些部分是自己的，哪些不是自己的。这是帮助我们建立健康关系的关键。

健康界限的特征

在第9章中描述了健康界限的特征或标识。如何识别它们？如何判断某种界限是否健康？

关系中的基本动力和核心议题

在第10章中回顾了一些基本动力，如关系中的追逐和远离，并展现了界限是如何与这些基本动力相互作用的。在第11、12章中，描述了核心的生活和疗愈议题，以及它们与界限的关系。

三角关系

三角关系会破坏关系的和谐。第13、14章指出了理解和识别三角关系——一段痛苦或冲突不断的三人关系的简单方法,以及如何从中摆脱甚至避免卷入的方法。

疗愈的过程

那么,所有这些内容跟疗愈和疗愈的过程是如何联系起来的呢?这就是第15章展示的内容。在第16章中展示了设置健康界限的更多方法,包括让自己变得坚定自信。

相信本书为理解关系中的界限提供了一个全新和扩展的视角。因为其他书籍并未涉及或论及本书探讨的细节或方法。无论是正在寻求提升关系的方法的普通读者,或是帮助人们疗愈的专业助人者,我都希望本书对你们有所助益。

查尔斯·L. 惠特菲尔德,医学博士

Chapter 1

界限的定义

觉察自己的界限，对我们与人、事、物的关系和自我疗愈都非常有益。事实上，这种觉察对拥有健康的关系和进行成功地疗愈至关重要。

界限就是我们能够在一段关系中保持舒适的限度。它标示了你我所需的身心空间的边界。界限是一个会激起我们内在真实体验的概念。因此，在我与人、事、物的关系中，界限是实实在在的。我的界限是真实的，他人的界限也一样。

佩因和亨特在描述界限时说："与他人的互动是在你和他人的边界上发生的——你的结束点就是他人的开端处。要理解界限的健康功能，最简单的方法就是去想象一下'细胞'。细胞具有细胞壁，它是一种半透膜。当它正常运作时，会吸收营养、阻挡毒素并排泄废物。同时这种分隔也把一个细胞从其他细胞中区分出来。健康的细胞还知道自己是个胃细胞还是个脑细胞。

"健康的细胞通过其识别营养和毒素的能力，以及定位和自我复制的能力，展现了它们良好的界限感。一个健康人也应当如此。人们应该拥有一张'半透膜'，知道什么能进入，什么不能进。这意味着你对自己的生活有选择权，是生活的主动参与者而非消极承受者。对人际联结的良好管理，是自我整合与自由的表现。

"人体免疫系统也是个类似的例子。它的功能就是用界限维持身体独特的个性，区分'我'与'非我'，保留前者，排斥后者。"

对界限的觉察帮助人们认识"我是谁"。除非我知道"我是谁",否则很难拥有健康的关系,无论是点头之交、朋友、亲近关系还是亲密关系都一样。图 1.1 是健康界限的简单图解。

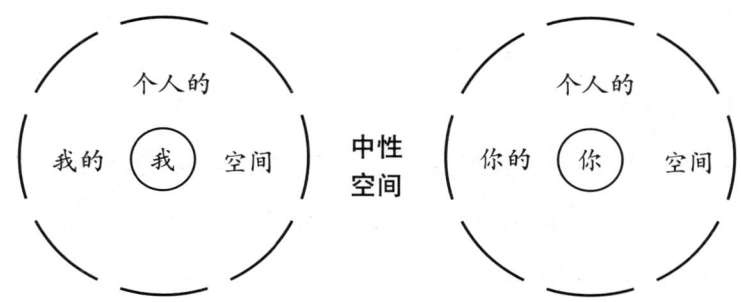

图 1.1　健康的界限

如果对健康的界限没有觉察,那么要区分身边的人谁才是可靠的,就变得很困难。这些人里有些可能会对我有害,甚至可能会伤害我。图 1.2 是不健康的、模糊的界限或缺乏界限的图示。

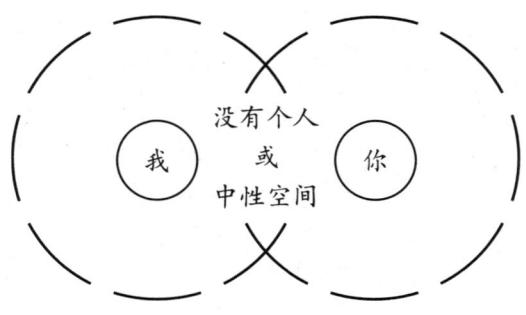

图 1.2　不健康的界限

界限描绘或标记了我和他人的不同。没有界限，就很难定义自己，也很难了解自己。没有界限，我可能会觉得没有自我。没有界限，我也不能拥有健康的自我。因此，了解和拥有健康的界限，我才能了解和定义自己，知道我有自我，而且是健康的自我。

我的内在生命

界限的关键是了解自己的内在生命。我的内在生命包括我的信念、思想、情感、决策、选择和体验，还包括我身体的欲望、需要、感觉、直觉，甚至是生命中无意识的因素。如果我没有觉察自己的内在生命，或是跟它失联了，我就会对自己的界限一无所知。当我觉知到我的内在生命，我就能更容易地了解我的界限（图1.3）。

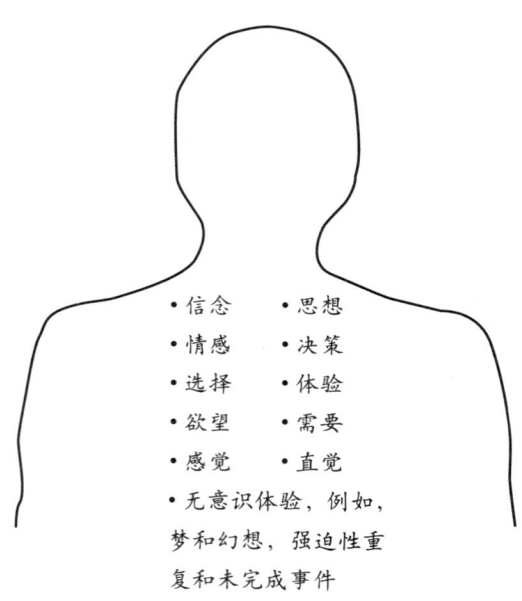

图1.3　我的内在生命

有依赖共生特质的人要么界限感很弱或没有界限，或是相反——有过度僵化的界限，而且他们经常在这两者之间摇摆。因为他们太过聚焦于外在世界，常常对自己的内在生命缺少觉知，从而对他们的界限也缺乏觉知。

灵活性与适应性

拥有健康界限的另一个关键是灵活性与适应性。当我们能够在任何关系中保持灵活和适应，不被猜疑或伤害，我们就能以深入而丰富的方式了解自身。我们也能更容易享受这种关系，体验当中的乐趣及其成长点。

在我们的日常体验中，有许多成长的机会，包括对我们的身体、精神、情绪和心灵领域的觉知、体验和意识化。觉察我们的界限有助于这些因素的成长。

那些有创伤和依赖共生关系的人可能也会非常灵活和有弹性，以至于当他们被虐待时仍是如此，这源自对自身内在生命没有足够的觉知。对他们的真我（他们的内在小孩）以及至关重要的内在生命没有觉知，别人便可以欺压或伤害他们。他们不愿或无法设置并坚守界限，便会遭受到不必要的伤害。设置健康的界限是预防和处理不必要的伤害和痛苦的一种方法。[1]

1.真我这个概念，在《疗愈内在小孩》一书中也称之为我们的真正身份，也就是真正的自己。它也被称为存在的自己、心灵或灵魂。它与《疗愈内在小孩》《给自己的礼物》《依赖共生》这些书中提到的假我、自我或依赖共生的我相区别。

明确的界限

我们几乎和每个人、每个地方或每件事物都有关系，无论是短暂还是长久的。在生活的各个领域运用健康的界限会优化这些关系，包括身体的、精神的、情绪的和心灵的领域。表 1.1 中列举了这些领域，以及对应的界限会对这些领域有帮助的具体例子。我可能会通过解释、操纵或侵入任何这些界限元素中的一个而侵犯了他人；他人也可能会利用同样的方式来侵犯我。

生活中的生理／物理领域

物理领域中包含一系列范围很广的、简单和复杂的界限元素。简单的诸如污染（比如噪声或烟味）、服装、食物或住所。比较复杂的诸如钱、财产、礼物和与众不同的身体特点。提及这些，你会想到你的界限何时被侵犯过吗？（可以随手在本书的空白处或你的日记里记下你相关的想法，包括关于此处提到的和其他部分提到的。）更复杂的诸如身体接近、触摸、性行为、眼神接触、隐私、时间和精力等。

表 1.1　关系中界限的元素

界限类型		
生理／物理的	精神／情绪的	心灵的
身体接近	信念	个人体验
触摸	想法和主意	与真我、更高自我及更高力量的关系
性行为	情感	灵性

续表

界限类型		
生理／物理的	精神／情绪的	心灵的
眼神接触	决定	宗教
隐私——邮件、日记、房门、裸体、浴室、电话、私人空间，等等	选择	灵性途径
时间和精力	未完成工作	心性
财产	能量	心灵训练
金钱	需要	
生理区别	爱	
礼物	兴趣爱好	
住所	自信	
食物	秘密	
污染——如噪音或烟味	规则	
	参与	

这些领域中有些是相互关联的，因此变得更加复杂。举例如下：

> 凯西（在《疗愈内在小孩》一书中也描述过她的经历）是一位在问题家庭中长大的32岁女性。小时候她的隐私界限经常被侵犯。比如，当她在浴室刷牙或梳头时，她父亲会经常进来在她旁边小便，而父亲对这种行为的不妥之处，或这种行为会让女儿不舒服这一点浑然

不觉。这就是一种界限侵犯。

当她长大后，她在跟男性相处方面遇到了很大的困难。她对不当行为有很高的容忍度。这些行为包括，她会忍耐男性对她的不当评论和身体接触，以及跟未婚夫做爱时会强忍不适和恐惧。

直到加入团体治疗前，她一直遭受着这些不必要的伤害。当她描述了上述的儿时经历时，团体成员反馈说她父亲的行为是不当的，而且是一种变相的性虐待。听到这些，她开始哽咽并喘息，这是之前在团体中从未出现过的。哽咽和喘息是如此强烈，她不得不站起来，在房间里绕行。（这种反应是宣泄的一个例子，它是痛苦情感的突然来袭和释放的表现，常出现于未揭露的创伤或挫折被意识化的过程中。）[1]

团体成员在她宣泄的过程中接纳和支持了她。这次事件和团体的支持让她能够继续在团体内部和外部深入处理跟男性侵犯有关的界限问题。自从这么做之后，她开始能够对那些侵犯她界限的男性设限，并且不再被他们威胁。这种努力也让她开始处理生活中跟女性有关的界限问题。

---

1. 你曾经体验过某种类型的宣泄吗？如果记得，可以随手在本书的空白处或日记里记下它们。同时，也可以考虑向可靠的人倾诉。（如果你还不清楚什么样的人才是可靠的，可以参考本书第8章的相关内容，以及《给自己的礼物》。）我在本书第7章讨论了关于宣泄的更多细节。

生活中的精神或情绪领域

精神和情绪界限包含了我们生活中的很多重要方面（表1.1）。其中一些是我们的信念、思考、想法、情感、决策和选择。例如，你是否曾被告知你"应该"相信什么、怎么思考、如何决定或选择？倘若如此，你的界限在那时候就被侵犯了。

是否有人因为他们做的事或他们自己的问题来抱怨或责怪你？你当时感觉如何？他们可能正通过投射一些自己的未完成事件或问题到你身上，从而侵犯了你的界限。你认同了吗？你仍然容忍吗？你不必这样。那些痛苦、困惑或控制、操纵的企图是他们的，不是你的。对你的内在生命保有觉察，保持清晰的界限，你能够处理有时甚至可以预防这种界限侵犯的发生，从而避免吃不必要的苦头。退行的动力是理解上述这些事例的关键，这在第5章里将有所描述。

个人界限扮演重要角色的其他精神情绪领域还包括我们的经历、性欲、需要、独处时间、直觉和我们的个人特点。有没有人曾经耗尽你的精力，以至于让你忽略了自己的需要？这种可能性在于：你可能对自己的内在生命缺乏觉知，包括自己的需要。你可能委屈自己，讨好别人（依赖共生）。这是一种会引发界限侵犯和更多苦头的原因。

是否有人因为你的所作所为与他们不同而指责你？或就性方面的某些事情指责你？倘若如此，你是什么感觉？发生了什么？你是如何应对由此导致的冲突的？你是直接与对方解决这个问题吗？是在情境合适的情况下对他们设限吗？还是选择忍气吞声，以免他们拒绝你或跟你叫板？

还有其他一些个人界限会有所帮助的精神或情绪领域，包括爱、兴趣、关系、参与、角色、规则和信使功能。信使功能指的是有人不怀好意地让你去给第三方传递信息。如果你照做了，你可能会吃更多没必要的苦头。当然，如果你解决了这些冲突或问题，并从中吸取教训，包括对他人设限以防同样的事再次发生，这些苦头就会让你成长。

但关系中的这些领域通常并非那么简单明了。例如，你是否曾经谢绝过别人加于你的事物（可能是潜在的界限侵犯）？之后你又对此事产生了兴趣，甚至从中获益？维持界限的一个原则就是让其保持在自己觉得合适的灵活度上，在我们的欲望、需要和内在生命的其他方面，无论面临什么样的风险，我们都需要为健康界限的设定和撤销而负责。这是合理利用界限的又一个例子。

Chapter 2

检视自我界限

很多理由表明，现在来检视一下我们的界限是很有用的。你可能成长于一个既没人教你什么是健康的界限、又没人在这方面以身作则的家庭。你可能曾经处在或仍然处在一段或多段与他人界限不清的关系当中。

下面是一份可以检测自己的个人界限的问卷，供有兴趣的读者自测。

个人界限问卷

在与你的感受最相符的选项上画圈或打钩。

1. 我不能做决定。

    从不☐　　很少☐　　偶尔☐　　经常☐　　总是☐

2. 我很难对别人说"不"。

    从不☐　　很少☐　　偶尔☐　　经常☐　　总是☐

3. 我觉得我的幸福取决于别人。

    从不☐　　很少☐　　偶尔☐　　经常☐　　总是☐

4. 我很难直视别人的眼睛。

    从不☐　　很少☐　　偶尔☐　　经常☐　　总是☐

5. 我发现自己会跟那种会伤害我的人在一起。

    从不☐　　很少☐　　偶尔☐　　经常☐　　总是☐

6. 我信任别人。

   从不☐　　很少☐　　偶尔☐　　经常☐　　总是☐

7. 我宁愿照顾别人，也不愿照顾自己。

   从不☐　　很少☐　　偶尔☐　　经常☐　　总是☐

8. 别人的看法比我的看法重要。

   从不☐　　很少☐　　偶尔☐　　经常☐　　总是☐

9. 人们可以不经同意就使用我的东西。

   从不☐　　很少☐　　偶尔☐　　经常☐　　总是☐

10. 我很难提出自己的要求或需要。

    从不☐　　很少☐　　偶尔☐　　经常☐　　总是☐

11. 我借钱给别人时，似乎不能按时把钱收回。

    从不☐　　很少☐　　偶尔☐　　经常☐　　总是☐

12. 有人借了我的钱不还。

    从不☐　　很少☐　　偶尔☐　　经常☐　　总是☐

13. 我感到羞愧。

    从不☐　　很少☐　　偶尔☐　　经常☐　　总是☐

14. 我宁愿跟别人保持一致，也不去表达我真正想做什么。

    从不☐　　很少☐　　偶尔☐　　经常☐　　总是☐

15. 我对自己的"与众不同"感到不舒服。

    从不☐　　很少☐　　偶尔☐　　经常☐　　总是☐

16. 我感到焦虑、害怕或恐惧。

    从不☐　　很少☐　　偶尔☐　　经常☐　　总是☐

17. 我花了太多时间精力去帮助别人，却忽略了自己的需求。

　　　从不☐　　很少☐　　偶尔☐　　经常☐　　总是☐

18. 我很难了解自己的想法和信念。

　　　从不☐　　很少☐　　偶尔☐　　经常☐　　总是☐

19. 我觉得我的幸福取决于外在的境况。

　　　从不☐　　很少☐　　偶尔☐　　经常☐　　总是☐

20. 我感觉良好。

　　　从不☐　　很少☐　　偶尔☐　　经常☐　　总是☐

21. 我很难了解自己真正的感觉。

　　　从不☐　　很少☐　　偶尔☐　　经常☐　　总是☐

22. 我发现自己总跟那些对我很糟的人在一起。

　　　从不☐　　很少☐　　偶尔☐　　经常☐　　总是☐

23. 我很难做决定。

　　　从不☐　　很少☐　　偶尔☐　　经常☐　　总是☐

24. 我很生气。

　　　从不☐　　很少☐　　偶尔☐　　经常☐　　总是☐

25. 我没有很多独处时间。

　　　从不☐　　很少☐　　偶尔☐　　经常☐　　总是☐

26. 我承担了亲朋好友的情绪。

　　　从不☐　　很少☐　　偶尔☐　　经常☐　　总是☐

27. 我很难保密，哪怕是善意的秘密。

　　　从不☐　　很少☐　　偶尔☐　　经常☐　　总是☐

28. 我对批评过度敏感。

　　从不☐　　很少☐　　偶尔☐　　经常☐　　总是☐

29. 我感到受伤。

　　从不☐　　很少☐　　偶尔☐　　经常☐　　总是☐

30. 我常常待在对自己有害的关系里。

　　从不☐　　很少☐　　偶尔☐　　经常☐　　总是☐

31. 我感到空虚,好像生命中缺少了什么。

　　从不☐　　很少☐　　偶尔☐　　经常☐　　总是☐

32. 我常常卷入其他人的问题当中去。

　　从不☐　　很少☐　　偶尔☐　　经常☐　　总是☐

33. 当我身边的人在公共场合胡闹时,我常常感到窘迫。

　　从不☐　　很少☐　　偶尔☐　　经常☐　　总是☐

34. 我感到悲伤。

　　从不☐　　很少☐　　偶尔☐　　经常☐　　总是☐

35. 我常常承接或感受到别人的感受。

　　从不☐　　很少☐　　偶尔☐　　经常☐　　总是☐

36. 在关系中我付出的比得到的多。

　　从不☐　　很少☐　　偶尔☐　　经常☐　　总是☐

37. 我觉得应该为他人的感受负责。

　　从不☐　　很少☐　　偶尔☐　　经常☐　　总是☐

38. 我的熟人或朋友很难为我告诉他们的事情保密。

　　从不☐　　很少☐　　偶尔☐　　经常☐　　总是☐

测量和评分

在对本问卷的回答中，如果有许多"总是"和"经常"，意味着你在界限方面的问题比较多。这或许也意味着在界限方面的混淆，这就是所谓的"模糊"或"融合"的界限。

回答中大部分或全部都是"从不"的人可能并未觉察到他们的界限。疗愈了真我或内在小孩的人通常会回答"很少"以及少数的"偶尔"。很少数的一些项目，例如第 20 题，是反向计分题。

接下来我会更详细地描述这个评分。如果你对界限的这些领域和维度有任何疑问，可以去询问你的治疗师、咨询师、治疗团体或其他合适的人选——包括你的内在小孩。

进一步探索回答

想要进一步探索你在问卷每个问题上的回答，你可以在后面的"各选项中界限问题的动力"这个部分读一下关于问卷带来的可能体验和回答的动力取向的描述。这样你便能对自己的关系、生活中的健康及不健康的界限有更深入的理解。

厘清界限

现在开始总结一下你可能会存在问题的界限领域或许是有帮助的。请参照你在问卷上的回答，在你回答了"总是""经常""从不"的题目中，画出或圈出关键词。少数"从不"并不意味着你有界限问题，但大量的"从不"就有问题了。

如果你不确定，可以去寻求那些可靠的疗愈者的反馈。同时也想想问卷中没有提到的，但在你生活中存在的，让你觉得可能在过去或现在有个人界限问题的方面。下面是可以用来概述这部分的空白处。

正如第一章里提到的，界限的重要性可以细分到我们生活中的生理／物理、精神、情绪和心灵领域。基于你多年来的知识和经验，以及上述问卷中的信息，下方提供了一些空白处，可供你概述可能存在界限问题的方面。

生理／物理界限问题或议题

精神和情绪界限问题或议题

心灵界限问题或议题

这些问题中的任何一个都有可能出现在你的生活中，可以考虑跟你甄选出的一些可靠的人去探讨它们。比如你的治疗师、咨询师、治疗团体、指导人或最好的朋友。在日记中写下你身上发生的事也会有帮助。记得把你所写的内容保存在安全的地方，这也是保护和维持你界限的一个要点。

各选项中界限问题的动力

刚开始阅读下列内容时，有些读者会觉得它们很难跟个人界限联系起来，有些读者则觉得很容易。阅读时，无论你的内在生命出现了什么，都去尊重你的感受。阅读这些资料时产生的反应没有什么对错。当你读下面的每一条时，你可能想参照一下你在个人界限问卷上的回答。

阅读下列内容时，有些内容可能令你感到沉重，偶尔甚至会觉得压力太大。倘若如此，也可以先去翻阅其他章节。

1. 我不能做决定。

人们可能深陷于他人对自己珍贵的内在生命（信念、思想、情感、决策、选择、需要、欲求和体验等精神和情绪）的侵犯中，从而很难区分出哪些体验是自己的，哪些又是别人的。就像海绵一样，他们可能任由别人进入自己的内在生命并最终导致伤害。他们的界限如此开放宽松，以至于无法感知和判断自己的内在生命是什么。

如果界限过于宽松，真我可能就无法感知、形成、体验，无法使用内在生命中的这些丰富内容，从而无法保护自身的统整性。因此，在界限不健康的状态下，个人对这个题目的回答可能就是"经常"或"总是"。这些回答常常显示了回答者无法自己做决定，因此表明了可能存在界限问题。

（本题的动力跟第14、18和23题中的动力相关）

2．我很难对别人说"不"。

这一题与依赖共生者和成年儿童（指成长于不健康的、动荡的或功能失调家庭中的个体）取悦别人的特质有关，由于依赖，在独立自信方面存在困难。为了保护内在小孩或真我的直接感受，我们可能会在自己并不确定或不想赞同时，立即赞同别人的需求和愿望。这种顺从常常会减轻我们直接的困惑或其他情绪困扰。由于存在这种困惑和困扰，要表达"不"或"我要考虑一下"会更难。我们童年时可能也没有这种设立界限的榜样去学习。

这一题回答"经常"或"总是"表示存在界限问题。界限过度僵硬的人在这题和其他许多题目上可能都会答"从不"。

（本题的动力跟第14、22、25、33和37题中的动力相关）

3．我觉得我的幸福取决于别人。

当我疗愈后，我发现没有什么外在的人或事物能让我幸福。外在的人或事物并不能填补我的空虚。唯一能使我感到充实和幸福的是去发现、成为和活出真我，并体验性地与我的更高力量联结。如果我相信自己的幸福取决于别人，就会放弃自己的力量，变得要为别人的情绪负责。于是我就会失去健康的独立性，变得依赖，或者有依赖共生的倾向。回答"经常"或"总是"表示存在界限问题，对真我觉察不够，无法体验到其与生俱来的爱、充实和幸福。

（本题的动力跟第 21、28、29、31、34、35 和 37 题中的动力相关）

4. 我很难直视别人的眼睛。

常言道，眼睛是心灵之窗。当一个人直视我的眼睛，便似乎能够把我看穿看透，直达我的真我。如果我对自己的真我感觉不好，跟别人有眼神接触就会让他们看穿这一点。

对这题回答"经常"或"总是"的人可能存在与界限问题相关的羞愧感受和体验。如果我的真我是整合的，并且感觉良好，我跟别人彼此对视就很自然。为了感觉自然，我就会逐渐为自己与他人互动去发展健康的界限。

（本题的动力跟第 14、15、28 和 29 题中的动力相关）

5. 我发现自己会跟那种会伤害我的人在一起。

我对内在生命的觉察度可能很低，以至于无法辨认别人的某些行为是否恰当，以及看出谁可能在以某种方式伤害我。倘若我反复让别人伤害，可能是我没有完全意识到自己的真我，因而也没有保护它的统整性的界限。

"经常"或"总是"甚至"偶尔"的回答，在某种程度上都显示了虚弱或不健康界限的可能性。

（本题的动力跟第 14、16、22、28、30、32、36 和 38 题中的动力相关）

6. 我信任别人。

这一题更复杂一些。信任来自于我了解自己的真我和内在生命，在此基础之上，我可以跟随关系之流并保持弹性。因为深知内在生命会持续监控我的要求和需要，我便无须怀疑或控制他人，而沉浸于关系之中。因为我信任自己，也信任他人。我也随时对他人的行为及我对此的感受保持觉知，在此基础上，我对此刻是否能信任对方有相当清晰的感知。

"从不""很少"或"偶尔"表示可能存在与信任有关的界限问题。在这个意义上，我们不信任的可能是我们内在生命中的真我。无法信任真我的原因可能是我们没能建立健康的界限去维持它的统整性。另一方面，回答"经常"或"总是"可能意味着有健康的个人界限，也可能是过度信任他人。这取决于我们信任了什么人，以及这种信任带来的长期影响为何。

（在我正在创作的另一本书《辨别的智慧》中，探讨了这个疗愈当中的核心议题——信任与过度信任。）

（在第 11 和 12 题中也有相似的动力。）

7. 我宁愿照顾别人，也不愿照顾自己。

回答"经常"或"总是"表示界限过于宽松；"从不"则表示过于狭隘。有些时候选择舍己为人也是应当与合理的，如果答"很少"或"偶尔"则代表这种情况。用这种方式帮助或照顾他人，我们或许能够做出充分意识化及觉知的选择。有时我们也可能纯粹是条件反射般地帮助别人，比如在紧急情况下。但当我们回顾这个过程时，我们也会觉察到在这种情况下帮助别人是完全恰当的。

由于界限的功能是保护真我的统整性，那么界限出现扭曲或问题则表明了对真我的内在生命的忽视。"经常"反映了低自尊，表示我的需求没有别人的重要。当我忽略自己的需求时，我的内在小孩就会藏起来。当它藏起来时，就是从我、我的意识和觉知里消失了，我就不能充分体验到自己到底发生了什么，从而会失去许多生命的力量和经验。保持健康的界限能支撑我们生命的力量和充分的体验。

（本题的动力跟第3、25、33、35、36和37题中的动力相关）

8．别人的看法比我的看法重要。

在此回答"经常"或"总是"表明了界限太宽松，"从不"则太狭隘。当我们对内在生命有充分觉知之际，我们会看见并观察周遭发生的一切，包括外在的人或事物是如何进入并与我们内在生命的人或事物发生关联的。这种体验可以帮助我们形成真正的观点。之所以是真正的观点，是因为它是由心而发的，是基于我们的第一手经验，而不是别人让我们去相信的或共享的。

很多成年儿童和依赖共生者在成长过程中，其内在生命都不曾被看到或被支持过。因此他们很难形成任何关于事物的看法，除非别人告诉他们。童年时这个"别人"通常是父母或类似父母的人，也可能是家中或家族中的其他任何人，或家庭之外的人。这种动力几乎总是与过于宽松或狭隘的界限养成联系在一起。

（本题的动力跟第2、3、7、13、14、17、18、19、21和26题中的动力相关）

9. 人们可以不经同意就使用我的东西。

回答"经常"或"总是"表明界限太过宽松,"从不"则可能表示界限太紧。

当我们形成自我感时,我们可能会将其界限扩展到我们亲近的人或事物上。我们可以跟这些人相互理解、达成共识和联盟,并共同拥有一些地方和事物。当我们这么做时,我们会觉得他们是自己的一部分。我们对他们产生了某种依恋。

如果有人以任何方式侵犯了我们的领域或财物,包括没问过我们就拿走它们,这就是一种对界限的侵犯。引起这种界限侵犯的原因可能是对方对界限理解不当,也可能是我们的界限太宽松,或两者兼有。

(本题的动力跟第 5、8、11、12、22、28 和 38 题中的动力相关)

10. 我很难提出自己的要求或需要。

"经常"或"总是"表明界限存在问题。当我对自己内在生命的重要部分——我的要求与需要并不了解时,意味着我不知道自己是谁。我可能并未完全觉知自己的真我。要觉知真我,或认识内在小孩,必须先有界限感。界限的作用是保护和维持真我的统整性。当我活出真我时,我会对强有力的内在生命充满觉知,这也包括我的要求与需要。

我对满足自己的要求与需要负责。我可以通过几种方式来实现这一点,包括自己动手、找人帮忙、寻求高我的帮助,或把这些都结合起来。

回答"从不"可能表明存在不健康的自恋,或是无法示弱、无法给别人机会来发现我的需要并关心我。

(本题的动力跟第 1、2、3、8、14、18、21、23、26、33、35 和 37

题中的动力相关）

11. 我借钱给别人时，似乎不能按时把钱收回。

回答"经常"或"总是"表明存在界限问题。跟第5、6、9、12、22和30题有关，这一问题提示了我们可能与别人达成的共识并不清晰，或是我们把钱借给了不值得信任的人，或两者兼有。由于金钱是财物的一种，如果你没看到上面第9题的解释，回去看看会有帮助。那里的许多原则适用于此。

12. 有人借了我的钱不还。

回答"偶尔"表示可能存在界限问题，回答"经常"或"总是"则一定有界限问题。这是上面第11题呈现的问题的极端版本。

13. 我感到羞愧。

回答"经常"或"总是"表示存在界限问题；"从不"则表明缺乏对感受的觉察。对某些人而言，回答"很少"或"偶尔"也可能意味着疗愈更上了一层楼。

《疗愈内在小孩》中描述过羞愧这种感受，本书中进一步对其进行探讨，羞愧感是成年儿童和依赖共生者在成长中经常体验到的一种感受。它常会延续到成年。只有当我们稳固地达到疗愈的高级阶段时，才可能实质性地减少羞愧的强度和频率。那时我们才能完全清楚和了解羞愧是什么。

几乎所有的羞愧感都是不必要的。它毫无用处。羞愧总让我们觉得自己不够好、配不上和很差劲。在疗愈中我们会认识到，每个人都是完美的。因此，如果别人，无论是父母、抚养人或任何人以任何方式指出我们是不完整的、不好的或"有罪的"，他们就是侵犯了我们的界限。他们正在破坏我们的完整性。倘若我们为之感到羞愧并紧抓这种感觉不放，我们就是在放任他们侵犯自己的界限。

（本题的动力跟第3、4、10、13、15、17、18、21、22、30、31和33题中的动力相关）

14. 我宁愿跟别人保持一致，也不去表达我真正想做什么。

假如我在某种情况下不知道自己想做什么，不管是去看某部电影还是做别的什么事，待在家还是参加什么活动，我都可能没有完全觉察到我的内在生命。如果对此没有觉察，我的真我——内在小孩可能就会藏起来。内在小孩藏起来的一个原因可能就是缺乏健康的界限，导致我们有过多的痛苦。

另一个极端则是界限过于紧缩或狭隘，让我经常感到在参与亲密的人或团体的活动时不够融洽，尤其是当这种紧缩导致了频繁跟自己交好的人产生冲突的时候。

回答"偶尔""经常"或"总是"表明了存在界限问题，至少总有一点界限太过宽松。"从不"或"很少"则表明要么界限很健康，要么过于紧缩。

（在第1、2、4、10和23题中描述的大部分原则都适用于此，如果愿意，回顾一下它们会有帮助）

15. 我对自己的"与众不同"感到不舒服。

在疗愈中我们认识到，万事万物都是完美的存在。石头、动物、指纹、人，每个种类都有相似之处，同时也有其独特之处。真我围绕自身所创造出来的界限，维护着它所形成的完好性、内在生命、创造力和个人力量。这些特质都有相似之处，有时甚至跟别人的一模一样，但它们仍是独特与个别的。

我们的个人力量既存在于我们的共性中，也存在于个性中。我们有权去了解和利用它，而界限能够帮我们维护好它。

回答"偶尔""经常"或"总是"表明存在界限问题。"很少"或"从不"则表示要么有健康的界限，要么对感觉缺乏觉知。

跟第4、13和33题类似，这一题同样反映了对于我是谁这个问题的羞愧感。它可能源于外貌或其他关于自己的方面。

（本章的这些描述必须耗费很多专注力去阅读。如果你愿意，也可以随时跳到别的章节，或者休息一会儿。）

16. 我感到焦虑、害怕或恐惧。

回答"经常"或"总是"可能表明界限过于宽松。

当感到恐惧时，可能就会让自己的界限被侵犯。有些人可能会以某些方式威胁我们，比如以某种方式虐待我们，或选择以某种方式离开或抛弃我们。或者我们可能会丧失金钱或财物。或许我们实际上已经被虐待、抛弃或丧失了一些东西。这些都是伤害。当这些发生，我们会有各种痛苦的感受，包括恐惧。

但是，当我们体验到真正的自己是谁（真我，内在小孩）并且体验到它跟更高力量的连接时，我们会发现，尽管我们不得不为这些丧失哀悼，但没有任何人能够抛弃或毁掉我们。我们已经是并且永远是珍贵而独特的存在。

下文将要对恐惧做一些可能很粗暴的说明。几乎任何时候，当我们感到任何形式的恐惧时，我们就是在让自己的界限被侵犯。就如《辨别的智慧》中所说的，恐惧几乎完全是一种不必要的感情。它在任何领域几乎都没有用处。要说明这一点不容易。显然在某些紧急情况下，恐惧是能够发挥某种程度的作用的。但在绝大多数情况下，尤其是更高级的心灵领域，它毫无作用。

要么是我们制造恐惧（大多数时候），要么是它侵扰了我们（有时如此），或两者兼有（很多时候）。但除非我们任由它，或某些人、某些想法来侵犯自己的界限，否则我们完全不必无故遭罪。最常侵入我们界限的就是自我，尤其是消极自我，或依赖共生的我。它们最容易滋长恐惧。当我们感到惊慌、如履薄冰或有点害怕时，经常就会屈服，让假我来掌控生活。

因此，我们能做的就是去感受这个恐惧，认出它，识别它，并决定它在那一刻对我们是否有用。答案几乎都是否定的。然后我们放下它。不断地做这个练习，它通常都会消失。

（本题的动力跟第2题中的动力相关）

17. 我花了太多时间精力去帮助别人，却忽略了自己的需求。

回答"经常""总是"或"从不"都表明存在界限问题。

界限是保护真我的统整性的。如果忽视真我，那我们不仅会承受这种忽视带来的后果，同时也会导致其他人、事、物对界限的入侵更加容易。而这些都可能让我们不安全。

因此，回归我们的需要和要求是很重要的。这既能维护我们的完好性，又能保护真我中神圣而脆弱却又充满力量的内在生命不受侵犯。

18. 我很难了解自己的想法和信念。

回答"经常""总是"或"从不"都表明存在界限问题。

偶尔对自己的想法或信念存疑是没有问题的。这可能是带来新想法或新信息的时刻。在做决定之前,需要花些时间去考虑它的各种可能性和方法。

所以时不时感到困惑其实是健康的。从不困惑的人并非健全之人。例如,他们可能会否认或根本觉察不到自己的困惑感。但若我们经常困惑不已,不知道自己在想什么或相信什么,某些人、事、物可能就会入侵我们的个人界限了。

(这个问题和这些动力跟第1、10、21、23和32题相关)

19. 我觉得我的幸福取决于外在的境况。

回答"经常"和"总是"表明存在界限问题。

我的充实和快乐最终是源于活出真正的自己——真我,并通过有益的方式连接我的更高力量和可靠他人。倘若我不是这样活着的,我就是以假我在过着不真实的生活。这经常导致空虚和苦恼。假我并不能提供持久的幸福和满足。假我能够让人瞥见充实的冰山一角的唯一方式,就是撇开它去看待事物,从人、事、物、行为和经验中寻找答案。

当真我躲藏时,它就没有合适的界限去保护自己。真我需要维护自身的完好与统整,才能显露并保持充分意识化。

(也可参考第8、20、26和31题)

20. 我感觉良好。

回答"从不""很少"或"偶尔"表明存在界限问题。

这一题跟第19题相关，感觉良好跟感觉幸福是等同的。唯一能够感觉良好、满足和幸福的就是真我。而能够让真我持续有此感受的唯一方式，就是最终与我们的内在觉性连接。

21．我很难了解自己真正的感觉。

回答"经常"或"总是"表明存在界限问题。没有活出真我，我们是不会知道自己的真实感觉的。感觉是内在生命的主要成分。去觉知我们重要的内在生命并用健康的界限去保护它吧。

（本题跟第19和20题中提到的动力相关，也跟3、13、24、26、31、35和37题相关）

22．我发现自己总跟那些对我很糟的人在一起。

界限是保护真我统整性的工具，因此当我跟反复伤害自己的人纠缠不清时，很可能就是没有完全觉知和使用自己的界限。

回答"经常"或"总是"表明存在界限问题。

（这一题与第2、5、9、11、12、14、36和38题相关）

23．我很难做决定。

当真我躲藏起来时，就很难了解内在生命究竟发生了什么。为了做恰当的决定，我必须知道自己的内在生命发生了什么，包括信念、思想、情感、选择、直觉以及我可能觉知到的其他所有经验。它们当中的每一个都可能是我做决定的影响因素。正如本书通篇都在强调的，个人界限是真我统整性的保障，这样它就不必隐藏自身。

回答"经常"或"总是"表明存在界限问题。

（本题跟第 1、10、18 和 21 题中描述的动力相关）

24. 我很生气。

生气的少数作用之一是帮助我们去建立恰当和健康的界限，正如第 11 章中写到的。生气能够为设定界限提供能量和动力。

"从不""经常"或"总是"的回答都表明存在界限问题。

（本题的动力与第 21 题及其相关的那些题目都有关）

25. 我没有很多独处时间。

回答"经常"或"总是"表明存在界限问题。

我们通过三种关系去疗愈真我以及过上健康充实的生活：与自己的关系、与信任之人的关系和与自己的高我的关系，如果我们选择与它产生关系的话。我们需要合适的时间去提问、考虑、反省、沉思、冥想、休息、更新以及与自己相处。花费一些独处和觉知的时间能够给到我们这样的空间。这同样有助于满足我们的需要。

没有健康的界限，就很难有足够的独处时间来做这些重要的事，包括什么都不做也是如此。倘若我们经常围着别人转，或别人对我们有诸多要求，我们就没法拥有足够的独处时光。我们可以通过设置健康的界限，以及询问自己的要求与需要来创造独处时光。

（本题与第 2、7、10、14 和 17 题相关）

26. 我承担了亲朋好友的情绪。

我们通常是从小在原生家庭中学会设置界限或模糊界限的。这是一种生存技能，并且很直接，因此学到了不健康或模糊的界限并非我们的错。

然而，一旦我们开始疗愈自己并设置健康的界限，便会发现自己不再需要承担别人的情绪或感受。这将让我们有空间真正去对他人产生共情和慈悲，而不是觉得要为他们的情绪负责，或是修正他们。

回答"经常"或"总是"表示存在界限问题。

（本题与第 19、21、32、35 和 37 题相关）

27. 我很难保密，哪怕是善意的秘密。

回答"偶尔""经常"或"总是"表明存在界限问题。要想了解本题的背景信息，可以阅读《给自己的礼物》中对"秘密"的简介。这里所说的秘密或善意的秘密指的是不会给保密者带来任何伤害的秘密，而有害的秘密则会给保密者带来害处。

受伤的成年儿童或依赖共生者常常觉得，他们要么"要全说出去"，要么"一个字也不说"，这是一种全或无的方式。疗愈后我们知道，我们其实完全不必将自己或自己的各种关系向别人袒露。在任何对话或沟通中，我们都可以选择告诉或不告诉、说或者不说。

一个有用的问题是，"说出秘密会伤害到我或其他人吗？会对我的真我有害吗？会以任何方式伤害别人的感情吗？"。

健康的界限不仅会维护我们自己的统整性，时机适当时，同样也会维护他人的。

（本题与下面的第 38 题相关）

28. 我对批评过度敏感。

如果有人批评我，我首先感到的就是界限被侵犯。我可能还会退行到一个无助的小孩的状态（参考第 5 章有关退行的内容）。一旦我在这个方面疗愈了，我会决定他们的批评是否有效。如果有效，我可能会对改变感到害怕，也会对所犯的错感到更加羞愧和痛苦——然后哀悼这个丧失，并最终对它放手。

"别人怎么看我跟我无关"这句话，通常在这里很适用。我们当然需要对自己的所作所为负责，但一旦我们是活在真我状态并跟更高力量连接在一起时，我们就会充满"如我所是"的觉知和信心。在疗愈过程中，我们体验到恐惧和羞愧是什么，而达到更高的疗愈水平后，我们就知道该如何放下它们。事实上，这两种痛苦的感觉几乎都是不必要的。然而，没有界限和觉知，恐惧和羞愧会让我们窒息，甚至时不时让我们的和平、喜悦和创造力瘫痪。

回答"偶尔""经常"或"总是"表明存在界限问题。"从不"可能反映了对内在生命缺乏觉知，从而导致过紧的界限。

（本题跟第3、4、13、15、16、29、33和37题中的一些动力相关）

29. 我感到受伤。

如果我们经常或总是感到受伤，很可能要么是别人入侵了我们的界限，要么是我们自己制造了伤害，或两者兼有。在功能失调或不健康的家庭或环境中长大是伤害的主要来源，因为我们经常会接收到它的动力，包括消极和痛苦的信息。我们可能仍在一个不健康的环境里。没有健康的界限，我们会继续重复这些痛苦的过程。

当我们创建了健康的界限，就能保护自己的内在小孩或真我的统整性。这意味着我们将不再承受不必要的痛苦和伤害。

有时去体验和修通一些痛苦的感觉是合适且必要的。这是我们的生活和疗愈中一个健康的成分。我们体验并修通这些感觉，完成之后便放下。在《给自己的礼物》《疗愈内在小孩》《感受》中对此有更多的探讨。

回答"经常"或"总是"表明存在界限问题。"从不"则反映了对内在生命缺乏觉知，因此可能导致了过紧的界限。

（本题的动力与第3、4、13、15、16、28、33和37题有关）

30. 我常常待在对自己有害的关系里。

如果我待在一段持续伤害自己的关系中，那很可能是我没有完全觉察自己可贵的内在生命和真我。为了发展我的觉知，我需要健康的界限来保证内在小孩的统整性，这样它才能有足够的安全感去显现出来，并重新发现和疗愈自己。

另一个原因可能是，我之所以无意识地选择了这段伤害我的关系，是为了尝试修通过去某段关系当中的未完成事件。这个事件未完成的原因之一，可能正是因为我一开始就没有认识到和去设置健康的界限。因此，尽管痛苦，这段关系仍是一个在疗愈中体验、学习和成长的机会。

回答"偶尔""经常"或"总是"表明存在界限问题。"从不"则表明要么是界限过紧，要么可能正处在疗愈或存在的更高阶段当中。

（本题的动力与第5、14、16、22、32、36和38题有关）

31. 我感到空虚，好像生命中缺少了什么。

在临床经验当中，引发空虚的痛苦感受的最常见因素就是未能全然意识自己的真我或内在小孩。内在小孩藏了起来，我们便感到空虚。健康的界限能保护内在小孩的统整性。当它被保护时，就会感到安全。而当感到安全时，就会呈现并去探索、体验、连接、创造、赞美以及如其所是地存在，感到充实而生机勃勃，空虚感便渐渐消失。

当我们的真我或内在小孩体验并连接到了更高力量那无条件的爱时，它便逐渐被爱充盈，空虚也将一去不返。我们也因此不再需要借由外在的人、事、物来填充自己。这种体验让我们能够以健康的方式去跟经过筛选的、安全可靠的人、事、物去连接。

回答"偶尔""经常"或"总是"表明可能存在界限问题。"从不"可能表明缺乏对内在生命的觉知，也可能表玥已完全疗愈，包括完全认识自己以及认识高我。

（本题与第 3、13、17、19、20、21 和 35 题的多数动力相关）

32．我常常卷入其他人的问题当中去。

这里的界限问题可能发生在下述任何一种或两种都有的情况下：我让别人入侵了自己的界限，我入侵了别人的界限。别人可能在一开始时把我卷入了他们的问题，如果我任其发展，随后就会不恰当地卷入别人的事情里去了。此过程可能与几个核心疗愈议题相关，如控制、对他人过度负责、感受、全或无的想法与行为、害怕被抛弃、低自尊与羞愧、对不当行为的高容忍和面对真实的困难（可参考第 11 和 12 章关于核心议题的部分）。

这个过程及其核心议题也与空虚感和靠卷入别人的问题来填补空虚的动力有关（可参考第 3 和 31 题）。这种动力可能会发生在任何人身上，范围可大可小，可微妙可显著，无所不包。微妙卷入的一个例子就是，一位治疗师在已经无法对病人或来访者保持客观的情况下，仍然以超出必须的程度去帮助对方，而这可能会造成对一方或双方的损害（可参考第 13

和 14 章关于三角关系的部分）。

当然，有些时候帮助别人不但无害，而且是恰当且健康的。这时它不会成为界限问题。例如，当别人找我们帮忙，我们只去帮其所需，而且是以无条件的爱和给予的态度去帮助对方的时候。

回答"偶尔""经常"或"总是"表明存在界限问题。

（本题与第 5、17、18、26、27、30 和 35 题的动力相关）

33. 当我身边的人在公共场合胡闹时，我常常感到窘迫。

对于一些核心议题，尤其是在保持真实、感受、低自尊、羞愧和对他人过分负责这些方面有困难的人，当他人"作"或是胡闹的时候常会感到窘迫（在超过一个人的场合感到羞愧）。这表明了界限过于宽松，或是把他人卷入了自己的存在。

回答"经常"或"总是"表明存在界限问题。"偶尔"可能也是，但取决于具体的情境。"从不"则表明可能是对内在生命缺乏觉知，也可能是已经疗愈，包括已拥有健康的界限。

（本题与第 2、7、10、14、17、21、26、31、32、35 和 37 题的动力相关）

34. 我感到悲伤。

当我们面临某种丧失，在一段时间内感到悲伤是正常的，这是健康哀悼过程的一部分。健康的哀悼过程通常表明拥有健康的界限。然而，当最近并没有什么创伤或丧失发生，我们却经常感到悲伤的话，表明我们可能对过去的重要丧失没有进行哀悼。这种体验经常表明存在不健康的界限。因为界限如果健康，我们就会以更健康的方式去哀悼。

我们的真我是哀悼的主体。健康的界限保护着真我的统整，因而真我才能呈现、体验和存在，我们便能自在地以自发和健康的方式对事物产生反应，包括哀悼。因此，慢性的悲伤通常表明存在未哀悼事件，也表明界限存在问题。

回答"经常"或"总是"常常表明存在界限问题。"从不"则表明可能对内在生命缺乏觉知。

（本题与第2、19和29题的动力相关）

35. 我常常承接或感受别人的感受。

本题的动力和打分基本上跟第26题相同。

（其动力与上面多数题目相似，尤其是第3、7、10、17、21、28、29、30、31、32、33和37题）

36. 在关系中我付出的比得到的多。

如果我总是照顾别人的需要而忽略了自己，这表明我的界限是虚弱或不健康的。这可能会通过以下这些动力或行为显示出来：在别人身上花的精力超过其对我花费的精力，在关系中更主动贴近（可参考第10章中的"贴近与疏远"），给予别人的礼物、时间或其他事物远超别人给我的。在此缺失的健康部分是互惠，一种在分享兴趣、能量和时间上相互平等的感觉。

回答"经常""总是"或"从不"表明存在界限问题。

（本题的多数动力与第2、5、7、14、17、22、30和32题相关）

37. 我觉得应该为他人的感觉负责。

正如第33题和其他列出的题目描述的，本题跟"对他人过度负责"

这个核心议题以及"是连接还是束缚""是健康界限还是纠缠"的基本动力有关（参考第7、8和9章）。它也与"是真正的慈悲还是一时热情"的体验相关。

回答"经常"或"总是"表明存在界限问题。根据个人情境，"从不"也可能表明有界限问题。

（本题的多数动力与第3、7、10、14、17、26、31、32、33和35题相关）

38．我的熟人或朋友很难为我告诉他们的事情保密。

回答"偶尔""经常"或"总是"表明存在界限问题。

（对第27题的动力描述也适用于本题）

结论

阅读这些描述可能会感到沉闷，甚至偶尔会觉得无聊，但读后可以更了解界限的某些动力，同时有效地使用个人界限问卷。

如果在阅读本章或后两章时感到停滞或卡住了，可以跳到第5章。

Chapter 3

界限的历史

界限不是一个新说法。我们现在只是通过探讨其中的许多动力和问题而重新发现了它，并将其发展得更加清晰和健全。

大约2500年前，佛陀描述了"个别自我"的各个层面，老子也在《道德经》中提到它可以"化生万物"。这些关于"个别自我"的描述指出了我们心灵或心智的一个部分，类似于今天我们称之为"自我"（ego）的成分。基督教时代之后，《新约全书》的译者将其称作"我"（self）。其模范和教导即是活出真我、活出内在小孩："要进入天国，你必须变得像个小孩"。他也提到了界限，如，"不要把房子盖在沙土上"和"不要把你们的珍珠丢在猪前"。

在20世纪早期，弗洛伊德对自我有了更专门的定义，但似乎并没有如基督那般将其跟真我区分开来。事实上，他或许是无意识地将我们心灵的这两个部分在概念上合二为一了——"自我（ego）"，就如卡尔·荣格和其他心理学家一样。

直到20世纪30年代，当哈特曼描述了"理想自我"，霍妮、克莱因、温尼科特和其他心理学家定义了"真实"或"真我"，对自我和真我的区分才算真正开始。持续至今，客体关系和自体心理学的治疗师和理论家恰当地区分了两者——真我和假我。

当今的视角

现代心理学理论与实践已经清晰地把"我",即真我,与自我区分开来,这两者是心灵中独立但又相互联系的两个部分。在这个理解之上,真我是我们真正的存在、意识和本质,自我或假我则是帮助我们协调生活的助手。

然而,在过去100年来关于界限的大多数文献中,仍然混淆地使用"自我"来同时指代真我和自我,也因此频繁地提到"自我界限"这个短语。基于我们对真我的现代理解,即它与假我或自我是不同的,我们便能更准确地把界限看作是真我或我的创造性动力,因为界限是真我用来保护自身统整性的工具。

因此,在这个扩充的视角下,自我对于健康界限就少有作为。真我能够创造和维持界限,而假我或自我不会、也做不到这一点。

然而,自我会做且正在做的事情是,让不健康的界限成为我们与其他人、事、物的隔离墙,甚至可能模糊或扭曲我们设置健康界限的各种尝试。如今比"自我界限"更加准确和有用的短语是"真我界限",它也是本书通篇描述的对象。

不过,历史上的其他临床医生、教师和作者又是如何看待界限的呢?在接下来的章节中,描绘了一些古代和现代对界限看法的概况。

古代对界限的一些看法

在古代,圣人、导师和哲学家在他们的作品中以多种方式提及了界限。例如,约公元前500年,佛陀住世并教导世人关于觉醒、观照和解脱的道路:

观照我们的内在生命、觉醒并从苦中解脱。解脱的方式之一就是去觉知界限，就如佛陀所言：

如盖屋不密，必为雨漏浸，如是不修心，贪欲必漏人。
如善密盖屋，不为雨漏浸，如是善修心，贪欲不漏人。

这里他提到的屋就是界限。他描述界限的另一个比喻是：

奋勉不放逸，克己自调御，智者自作洲，不为洪水没。

——《法句经》

若我们能够充分思考和讨论这些句子的深意，它们实际上正是提出了千年以来在我们的生活当中，界限有多么重要（表3.1）。

表3.1 古代历史上的一些界限视角

> **佛陀（约公元前500年）**——从我执（自我、依赖共生的我）和苦中解脱的重要性
>
> **老子（约公元前500年）**——不依附万物的重要性。"万物"在疗愈十二步的实践者当中也叫作"人、事、物"
>
> **耶稣基督**——活出真我、与造物主和同道连接的重要性。他也教导说，当你能接纳、宽恕和爱那些伤害你和不遵从造物主之意的人时，你就能够从他们身边解脱，不再被虐待

界限与魔法的隐喻

在神话传说中，有各种关于疗愈和转化过程的描述。其中一种会用到"魔法"一词。在这些用来反映我们生活（主要指依赖共生式的生活）中的挣扎和抗争的故事中，魔法用于描述我们在疗愈过程中或试图活得更真实的过程中冒险所做的事。这种魔法不是魔术或巫术，而是我们疗愈真我的艰苦工作。当故事中的魔法师要施展魔法时，他会在自己周围布下一个圈。这个圈是一个密闭的空间，在圈外散失的能量将会被聚集进来，从而被操作。

格雷提到："对于一个对此过程懵然无知的外部观察者而言，似乎没有什么比看到一个成人像玩小孩游戏般用个圈把自己围起来，还在交叉点上标上各种精神标签更可笑的事情了。然而，事实上，这个动作背后的原则在心灵层面上与任何物理层面上的设计都是同样科学与合理的……一般而言，操作者的个人能力是决定性因素，是超越任何圆圈的灵验程度的。"谁是魔法师呢？谁是这些神话传说中的英雄呢？是我们自己。我们就是魔法师，就是英雄，我们活出了神话。我们通过创造、维护或释放、使用健康的界限，以让真我能够从躲藏状态中呈现出来。

但历史上有些团体常常让我们对健康的界限产生混淆。有时它们有帮助，有时却有害。我们如何去区分呢？

近代视角

19世纪晚期，现代心理学出现以来，我们在界限方面持续探索，并且不断扩展对其的理解。1983年，波尔斯特回顾了关于界限的15篇文献并加入了自己的看法。我在表3.2总结了这些看法并附加了作者的另外一些观点。

在界限的近代发展早期，文献作者们开始描述自我觉知以及自他分化的重要性。他们描述了界限的最初特征，如僵化或灵活、严密或可渗透等。赖希在描述他提出的"人格铠甲"概念时，或许首次探索了健康与不健康界限的实例。

随后，其他的临床医生和作者描述了他们对婴儿和儿童发展的观察，这让人们对界限的理解打下了更为坚实的、关于发展视角的基础。本书下一章谈到了这个部分。客体关系与自体心理学的相关领域大约也在这个时期出现，使得我们对自体和客体（他者）、体验和动力有了更精细的视角，当然有时也会更混淆（某些术语使然）。尽管如此，界限在所有关系中的重要性在后来越发明晰，特别是，要想拥有成功和快乐的关系，就必须在对他人开放我们的界限之前，先了解和成为真我。

自 20 世纪 50 年代以来，家庭治疗运动通过分离这个概念再次将界限引入治疗师以及匿名戒酒自助团体当中。再后来，成年儿童和依赖共生运动将上述所有概念都大大发展，对大众启发甚大。在未来的年头里，当我们每个人都在自己的疗愈过程中探险时，我们还会学到更多。

表 3.2　界限的一些近代视角
（部分来源于波尔斯特，1983）

罗伊斯　1895——自我意识，对自他不同的觉知；关系的产物

弗洛伊德　1911——当婴儿从快乐原则迈向现实原则时，用于处理外部现实的特殊功能

费伦齐　1913——对自我与外部世界之区别的欣赏

托斯克 1933——"自我"界限，从无我分离出来的持续意识的隐喻

勒温 1935，1936——密闭或可渗透的界限，取决于背景、关系和系统的互动

赖希 1949——刚性人格作为人格铠甲的界限

费德恩 1952——"自我"（我）与外部世界和无意识的界限；对不断变化的动态关系的隐喻

拉帕波尔 1958——从本我和外部现实产生的"自我的"（即：我的）自主权

马勒 1958——婴儿从未分化状态到更大分化的状态

拉帕波尔与吉尔 1959——从具体到象征的界限

埃里克森 1963——对人的发展阶段的进一步描述

雅各布森 1964——自体表象与客体表象的分化与发展（经验关系的内化）

西尔斯 1965——健康人格的一部分是拥有区分自我与环境的能力；偶尔没有界限可能是有用和健康的

怀尔德；贝特森 1972——作为所有沟通条件和所有关系轨迹的界限。开始描述全或无的想法和行为的初始面

米纽琴 1974——界限作为个体与家庭疾病与健康的关键动力

沙弗 1976——精神分析中对新语言的需要——帮助个体更独立、更少受害者心态

波尔斯特 1983——先于界限接受面的身份分化与维持（综述文章）

Chapter 4

界限与个人发展

了解健康与不健康界限如何形成的最有效方法之一，就是从人类成长与发展的视角去看。

第 3 章已经展示了这些发展的某些里程碑，如表 3.2 中理解界限的一些历史事件，而在表 4.1 中将描述更详细的发展过程。表 4.1 中，将界限与人的发展任务及其在健康家庭中（左栏）和不健康家庭中（右栏）发生的大致年龄段关联起来。此内容有众多来源并可总结如下：

在健康家庭中的发展

婴儿期与儿童早期

出生前，孩子在子宫中与母亲是没有物理界限的。尽管子宫内的体验仍然是个谜，但出生就像一场突如其来的驱逐，让人感到被母亲抛弃了。顷刻之间，一个开放的空间，一种界限，突然身陷其中。这种被迫分离的痛苦可能会对初生婴儿造成巨大的伤害，以至于他可能会对未来要投入的关系感到恐惧。

表 4.1 个人发展阶段性任务及健康和不健康界限的形成（从下往上看）

人际关系的健康发展界限	任务	第一循环的大致年龄段	存在层面	人际关系发展的不健康界限	疗愈层面
• 对自我和更高存在的持续探索 • 较低发展阶段的不断再处理	• 存在 • 与他人共同创造 • 拓展的爱 • 超越的自我 • 自我实现	生命的晚期阶段，通常是后半生，此时自我意识充盈且能放飞自我	精神层面	成为成人儿童的可能性	3
探索亲密关系	再处理	19		亲密关系的消解	
持续增进自我认同		13	情感层面	持续的界限及自我意识扭曲	
开始脱离父母与家庭	成长与进步			不健康地与父母及家庭脱钩	
持续发展社会角色	赋能	6		伤害自我的社会角色	
持续探索，自我意识不断增强	• 评价自己 • 发展技能、价值观和干劲 • 创造			父母及其他相关人士不断妨碍儿童自尊的健康发展	
不断认知自我与他人的异同	求教	4		贬低自我认同导致自尊下降	

续表

人际关系的健康发展界限	任务	第一循环的大致年龄段	存在层面	人际关系发展的不健康界限	疗愈层面
模仿父母及其周围人物的思考和行为模式	合作	3			
父母开始允许下列（A）行为，儿童开始自我区分	思考	2	意识层面	父母教养模式僵硬，界限过于严苛或松散	1
开始测试界限	分离				
开始意识到与父母的分离并尝试更深层次的世界	探索模式			父母不允许孩子尝试及不与孩子分离	1
母子共情让婴儿以健康模式组织知觉和情感（A）	信任感觉爱	1	生理层面	自恋型或其他人格缺陷型父母无视或夸大孩子的需求或欲望	
较大婴儿相信自己是父母的延伸	连接			无	
婴儿相信自己是父母的一部分并经常与父母混淆在一起	存在	0		无	

尽管如此，在生命的头几个月，婴儿通常体验到他在精神和情绪上跟父母或父母形象是融合的。这种体验会被父母的镜映强化。镜映就是父母把自己感知到的婴儿的体验用表情、姿势和声音反馈回去。

就在这成长的早期，全或无（分裂）、好或坏被习得了。在一段时间内，他们仍相信自己是父母的延伸，但逐渐地，某些最早的迹象开始让他感觉到自己其实是跟父母分离的，于是他开始探索。

当孩子学会走路，与父母分开之后，他们开始明白，原来不是所有事物都能以全或无、好或坏这样划分的。取而代之的，是他们知道了有些事情可能既有好的方面也有坏的方面，比如从父母身边走开。在这个"和解"的阶段，他对自我、最初的界限、独立与依赖都有了更多的了解。再往后的学步阶段，他开始测试自我、他人和世界的边界，到4岁时则开始模仿父母和亲密他人的行为。

理想情况下，随着这些早期经验和事件的开展，儿童就会建立健康的自我感。自我发展关键且不可或缺的部分，就是健康界限的形成与维持。儿童最早是从原生家庭、后期则从外界的他人那里习得自我感和界限。假如这个教养和模仿的过程中，原生家庭和环境都不健康，儿童就从中习得和发展了不健康的自我感和界限。这两者通常是并行的。

潜伏期

在5~11或12岁这个被称为潜伏期的时期，儿童继续学习自身与他人的异同，这是形成界限的关键。他们持续探索自身的不同方面并不断成长，不止是在身体、精神和情绪层面，还包括心灵层面。最后，他们继续发展社会角色和准则。

青春期

青春期的少年再次开始与父母和家庭分离。父母在此需要继续起模范作用，并设定健康的界限，以便成长中的青少年能够维持健康的自我感，因为他们那时正在为自我认同而努力奋斗。如果父母在界限方面过紧或过松，青少年将无法习得健康的界限，也无法发展健康的自我感。

同样也在这个时期，人们会开始认真尝试去建立亲密关系。这些尝试在成年期会不断重复，或持续大部分人生。青春期的这些尝试可以被看作是一种"练习"，尽管它们并不令人满意。只有建立和维持健康的界限，并由此发展了健康的真我，才能拥有健康和令人满意的亲密关系。

就如表 4.1 显示的，健康家庭中的青少年可以重复儿童发展的前 14~16 项任务。

成年期

由于成年早期属于前半生，有许多原因会造成我们很难形成带有健康界限的健全自我感。这些原因可能包括精力更多集中在如何建立独立的人格和离开家庭（包括职业生涯和慢慢建立自己的小家）。但如果是在一个不健康的家庭中长大的人，没能得到所需的健康教育，那么最重要的原因可能就是并没有被家庭和社群所教育、获得榜样和允许拥有一个带有健康界限的自我。原生家庭、家族和社群越不健康，这个原因就越重要。健康成人和创伤成人都会在他们的一生中重复这些发展阶段。

在不健康家庭中的发展

婴儿期与儿童早期

在父母或抚养者本身没有达到自我实现或是疗愈状态的家庭中，婴儿通常也会受到跟父母类似程度的损害。在这样一个不健康的家庭中，父母很容易便会将自身的未完成事件投射到对方和脆弱的孩子们身上。

正如在健康家庭一样，婴儿相信自己是与父母融合的，是他们的一部分。随着婴儿长大，他们会认为自己是父母的延伸。在这个时期婴儿可能很少甚或得不到父母的镜映，也可能会得到扭曲的镜映。

因此，自恋或心烦意乱的父母会虐待婴儿，或把婴儿塑造成自身要求和需要的延伸（表4.1）。这种虐待的一部分也被称为"灵魂谋杀"，如果从第6章里讨论的投射性认同这个角度来看，就可以理解了。再后来，大约1岁时，带有创伤的父母又不允许孩子与自己分离并自由探索。父母的要求和塑造最终固化了不健康的界限，孩子与父母间的界限要么太紧，要么太松。

2岁时，儿童对自己潜能的认识已经被歪曲了：原本健康的、与他人相同的部分，被歪曲成依赖共生；原本健康的、与他人不同的部分，被歪曲成有害的羞愧和低自尊。而接踵而来的是父母、抚养者和其他人继续扼杀孩子健康的探索、创造和自尊，界限便被持续地侵犯和扭曲。

潜伏期

在潜伏期阶段，因为孩子被迫伤害自己，他们便以自己的方式尝试与施虐者脱离。这些方式涵盖了从扮演"乖小孩"式的过度配合到另一个极端——变成个小"流氓"。

青春期和成年期

上述问题在青春期会扩大化，因为青少年正在尝试独立，从不健康的父母那里分离出来。由于他们几乎没有得到健康的镜映和榜样，这些分离的尝试可能会包含一些被称为"见诸行动"的破坏性和冒险性的行为。所有青少年都会见诸行动或试探边界，以便找出哪些是灵活的，哪些不是。如果某些界限总是改变或是一成不变，青少年的见诸行动就会越来越多，直至发展为不健康的模式。这些模式可能包括伤害他人和/或财物，且不可避免地对他们自己产生持续的破坏。

相比向外采取行动，另一些青少年则更多地向内行动，主要伤害他们自己，以之牵连甚至操纵他人。不管是哪种方式，他们都会被贴上"问题小孩"的标签，家庭也成为问题家庭或功能失调的家庭。然后他们便扛起了许多的家庭情绪重负。

有些人在成年早期就会意识到一些或许多这类情况，大多数人则会在中年或更晚时才会觉察到。从青春末期贯穿至整个一生，我们都会不断重复自己的早期发展任务以及健康界限的发展里程碑。中年之后，如果还没体验到这些，我们通常会更有意识地进入对自我的找寻。就在此时，我们会开始学习如何放下自己某些过紧的界限。但在放手之前，我们先得知道放下的是什么。因此，在疗愈过程中我们继续自己的找寻。如果能跟可靠且支持我们的人一起坚持，我们终将在理解中找到真我。

界限的拉链模型

上述所有都会导致个体无法充分觉知自己的内在生命，也无法制定自己的界限。由于对这些关键的生命功能缺乏觉知和控制，别人最终将入侵我们的界限和内在生命。这就好像是由外人来制定我们的界限，像个拉链似的，只能从外面拉开或拉上。疗愈后，由于真我被疗愈，我们通过自己制定界限而找回了这些功能，那么拉链就可以从里面拉开或拉上了。

佩因与亨特提到，"当一个人能清晰地区分内外的界限时，就能基于自主感去发展健康的自尊。不幸的是，在不健康的家庭中，父母对自己和孩子们的边界不清楚，比起尊重孩子的个性，他们更喜欢控制孩子。这类父母可能会忽略关闭的门、邮件和日记的隐私等，闯入任何他们想闯入的孩子的界限。他们可能会让孩子深夜不睡，共享成人的秘密；也经常因为把自身的混乱投射到孩子身上而谴责孩子的行为。结果，这些孩子要么完全不知道可以对那些侵犯自己的人说不，要么变得极其保护自己的需要，以至于任何事物都无法进入他们的生活。"

作为成年子女，我们都时不时感觉到，成长过程中被矛盾的父母需求和规则又推又拉，而那时我们都到了应该独立自主的年龄了。我们的个人界限如此不清不楚，无法正常运行。因此我们一直活在别人对我们的看法里，生活就像坐过山车，在自我膨胀和人身攻击中上下颠簸。

在这一系列不健康发展事件中，真我受到了伤害。每个人面临这些伤害的类型和强度都不一样，但都有类似之处。这些在《依赖共生》中有所描述，现在总结于下方。

真我是如何受伤的

就如大多数心理伤害一般，这个过程大多是无意识的。下述总结取自数个来源，包括客体关系和自体心理学。

1）孩子的父母由于存在包括不健康界限在内的自身创伤，常常感到自己是不足的、糟糕的或有缺陷的。

2）他们将这些紧张的感受投射到别人，尤其是配偶和脆弱的孩子身上。他们也会投射出自己的自大（如："我这都是为你好！"——实际并非如此）。他们只能通过外物去感觉自己是完整的。

3）为了让父母安定和让自己生存，孩子否认父母是不足或糟糕的。带着从父母和别人身上习得的不健康界限，孩子内化（吸收、内摄、接受）了父母投射出来的不足和缺陷。一个普遍的幻想是，"如果我足够完美，他们就会爱我，就不会拒绝和抛弃我了。"孩子理想化了父母。

4）由于上述过程，孩子脆弱的真我（在客体关系术语中称为失去信心的自己、失去力比多的自我）如此频繁地受伤，因此，为了保护真我，他们防御性地将其沉入（"分裂"）心灵的无意识深处。内在小孩开始躲了起来。躲藏的内在小孩代表了最基本安全的界限，能让我们活下去。但让它继续躲在那儿的坏处就是，我们无法获取了解和活出真我的力量。

5）孩子会吸收他人的任何信息——无论是言语还是非言语的，并将其存入无意识（大部分）和意识心智中（有时，在某种程度上）。

6）孩子吸收的信息来自于主要和有影响力的关系。客体关系理论家把这些关系的心理表征称为"客体"。这些表征承载了许多情感，且往往会以"部分客体"的形式发生，如好父母、坏父母、好斗的孩子、害羞的孩子等。

7）比较自我破坏的信息通常大部分在假我中。客体关系理论家也把这称作内在破坏者、反力比多自我，或内化的、内摄的、拒绝性或虐待性的父母。

8）一种张力形成了。真我一直努力呈现并发展。同时，负性自我攻击真我，让它继续沉没、陷入低自尊。孩子对丧失和创伤的哀悼也不被支持。由于这些原因，孩子的发展方向变得混乱，界限也变得不健康。由此导致的"机能障碍"被称作分裂样妥协（冈翠普）、压抑自我的多重性（费尔贝恩）和真实自我的分裂（温尼科特）。结果是发育迟滞、发育停止或发育失败。

9）慢性的空虚、恐惧、悲伤和混乱、周期性的冲动、强迫性自我破坏或其他的破坏行为爆发，这些结果会让张力有所释放，并偶尔瞥见真我。

10）持续的空虚和/或重复性的破坏行为会导致真我淹没或窒息。个体会持续感到低自尊和不快乐，同时仍然渴望和寻求满足。强迫行为和成瘾（"强迫性重复"）能提供暂时的满足，但会导致更多的伤害并最终阻碍满足与平静。

上述伤害过程带来的结果就是依赖共生的初始形式，也可被称为成年儿童综合征或状态。依赖共生是一个实际而广泛的概念，也是一种存在状态，用于描述困难、不健康或功能失调家庭中的成年儿童现象的某些最重要的表现。我发现，把依赖共生看作是成年儿童综合征的一个主要表现是最有用的。

11）疗愈和成长就是探索和缓慢地发掘真我（内在小孩），如此它便可以存在，并日复一日地用健康的方式来表达自己。它的功能也包括把假我或自我改造成真我的灵活助手（正性自我）。其他的结果还有活力、创造力和成长。

12）这种自我探索和疗愈是在安全、热情、专业和支持的人在场的情况下才能最有效地逐步完成的。在承诺和积极参与的前提下，疗愈过程可能需要 3~5 年甚至更长时间。

疗愈与发展

疗愈过程让我们有第二次机会去追溯和完成那些我们从前未能完成的发展任务。但这种机会不是别人给的，因为疗愈中我们会认识到没有任何人能决定我们的命运。相反，靠着自己的动力和制定健康的界限，我们创造了命运。通过选择去疗愈、去冒险变得真实，我们制定了健康的界限，它代表着"在这世界上，只有我对自己的疗愈和生命负责，而不是任何其他人。"

如果愿意，该个人力量声明的一部分也包括放下我们之前执着的或许是过紧的不健康界限或防御，允许可靠、支持性的他人进入并帮助我们疗愈。这些人可能包括我们生活中的一类或几类人，如密友、治疗师、治疗团体、自助小组、指导人或任何其他我们可能选择的安全可靠的人，也可能包括我们的更高力量。

制定和维护健康的界限，以便能在一个健康的循环中保护真我的统整性；而界限又是真我从自身的内在资源中制定的，如此它才能免于躲藏（图4.1）。

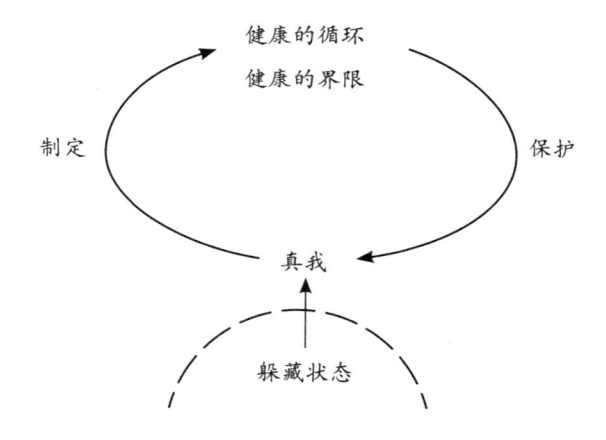

图4.1 自生界限的保护与滋养的循环，让真我（内在小孩）从躲藏中走出并最终持续呈现的保证

疗愈的过程并不容易。它需要耐心和坚持，需要长期为疗愈真我（内在小孩）做出奉献。在这个过程中，学习制定界限是很关键的，同时，对退行的认知和经验也同样重要，这是本书接下来将要论述的。

Chapter 5

界限与退行

去认识退行，就有疗愈功效。其中一个重要的原因就是，它是帮助人们区分健康界限与不健康界限的重要老师。

当我们突然遭遇失望、困惑和惊吓时，退行就会发生，让我们像个无助的小孩。它也可能没有明显的起因，可能持续几分钟或更久。这一分钟我们可能是个成人，万事无忧；下一分钟我们可能就会像个失控无助的小孩。这事儿可曾发生在你身上？

当退行发生时，我们可以借此开始观察自己的内在生命（见图1.3）和周围发生的事，并由此开启疗愈之路。当我们疗愈内在小孩时，会发现尽管退行让人感到痛苦和虚弱，但却是一个伪装起来的疗愈礼物。首先，它能教会我们界限之事。因为退行在童年期、青春期和成年期的发生和重复几乎都代表着同样的意义：我们的界限被侵犯、将要被侵犯，或一种特殊的体验——此刻我有权力在某种程度上提醒我过去界限被侵犯的体验。退行会发生在许多不同的情境里。比如有人朝我们大吼，或是羞辱我们。也可能是有人谈论我们的体重或对我们做出错误的评价。通常会有一个诱因去启动这个快速的退行过程。这个诱因有多种可能性，包括被虐待、被抛弃、从任何人那里收到负面信息、任何形式的错误，或让我们想起上述任何内容的事情。

总之，我们可能在任何时候、任何地方，因任何理由而退行。诱因事件发生后，我们可能突然会有下述一系列快速的体验：恐惧、受伤、羞愧、内疚、愤怒、困惑和迷失方向。最后我们可能会感到功能失调和失控，好像马上就要尖叫起来了。而我们的真我此时感到虚弱，可能会回到躲藏状态去。

如果退行反复持续地伤害我们且没有去治疗它，我们会持续麻木、困惑和功能失调，真我继续躲藏。若我们意识到并去治疗它，它则会是我们疗愈和获得幸福的机会。治疗它的过程会让我们认识它、修通它并从中学习。在完整的疗愈体系中，完成所有这些可能会花费数月，更常见的是花费数年时间。

治疗退行

治疗退行的第一步是在它发生时认出它，这是一种自我诊断。拜访原生家庭往往是自我诊断退行的一个机会，因为我们可能会在那儿遭遇频繁的虐待、心理或情绪上的被无视或被抛弃等。当它发生时，我可能会对自己说，"嘿，我正在退行"或"我刚才退行了"。这是个重要时刻，因为当我们给它命名之后，就可以对它做些处理。

可以做几个缓慢的深呼吸，然后在屋里踱步（关键就是不要待着不动，那样会让我们感到无助和动弹不得），然后四处看看屋里的东西。走进另一间房，做同样的步骤。

也可以拿起钥匙，把玩它们。钥匙是自由的象征。它们可以开门，可以发动车子。另一个让我们能够预防和管理这种退行带来的削弱效应的方法是：当情况变得很困难时，选择一个环境，让你可以暂时避免与家人待在一起或处于任何具有潜在伤害的环境。可以开车前往，这样会方便你随时离开。这么做也是设置健康界限的一种方式，这时真我就能出来处理问题。

处理体验

尽可能早些去跟一个信得过的人讨论这件事。这就是为什么当我们要去见一个令我们感到不安的人，或是这样的人来拜访我们时，我们要找一个可靠的人跟我们在一起，因为这样会很有帮助。如果没有人可以讨论，或许我们可以打电话给朋友，或写下发生的事以及我们的感受，然后晚些再跟信得过的人去聊。就算过去的时间再长，我们也可以去聊。这是个巨大的疗愈机会，而如果能够跟治疗团体、治疗师等其他可靠的人去详细探讨，则是帮助最大的方式。

最终以深度体验的方式去修通退行时发生的事和带来的感觉是很有用的。有些技术能够协助这个过程，包括倾诉我们的故事、写或读出（对一个信得过的人）一封不会寄出的信，利用家庭雕塑、完形技术和任何创造性的技术等。

然后看一下我们的退行处在哪个意义层级，如：

层级 1——我过去被虐待了。

层级 2——我正在被虐待。

层级 3——我不想再被虐待。

层级 4——我要在这段关系中设置稳固的界限。

层级 5——如果虐待还在继续，我要暂停甚至离开这段关系。

层级 6——我可以摆脱这些不必要的痛苦遭遇。

层级 7——我正在从退行的意识当中学习和成长。

层级 8——我利用它疗愈真我。

在第 5 级以上，人们有时会感觉到好像他们在受虐时并没有看到他们在虐待中扮演的角色。或许他们也在虐待自己的伙伴，如不知不觉地闯入伙伴的界限。他们可能没有意识到自己的语言或行为有时以某种微妙的形式侵犯了伙伴的界限。

当这些或那些诱因事件出现时我们要去识别它们。这么做让我们在以后预期会出现这类事件时可以去避免。最终，我们可以建设性地运用上述所有层级。我们可以开始识别和疗愈任何未来的退行、最小化或避免与会触发诱因的人接触、保护内在小孩、停止自责、觉察生命中更多的无意识内容。

进一步的意义

如果能够以一种充满觉知的、自我关怀的方式去接近退行，它便能疗愈我们，因为它让我们跟过去未愈的创伤连接。我们在一个安全的环境中以这样的方式疗愈自己。假如我们持续地暴露在虐待中，我们可以选择一个安全的地方，如在治疗团体、类似的支持团体或个人咨询中去处理。对某些人来说，退行可能会跟惊恐发作联系在一起，而上述步骤在处理惊恐发作方面会有所帮助。

退行是一种被某种伤害诱发的突然失调状态。这些伤害几乎都是由实际的或可能的界限侵犯造成的。它在不健康家庭中的成年儿童和创伤后应激障碍（PTSD）人群身上普遍存在。

三类退行

疗愈过程中我们发现有三类退行。第一类就像上面描述的，最终形成麻木或消极的情感和状态。第二类可能有同样的诱因和感受，但会更主动，比如可能会发脾气，甚至语言攻击亲近的人；或者是以哭泣、发抖或扭动身体来表达痛苦。

第三类是"治疗性"的退行。即上面两类退行形式中的一类或两类发生在个体或团体治疗的建设性过程当中。在这类退行里，我们处于安全和支持性的环境中，可以更容易地去疗愈。尽管在治疗外的环境中，如果能跟可靠的人在一起，也能够获得某种程度的疗愈。

这三类退行都会产生冲突。我们可以利用退行和冲突去深入痛苦，并疗愈它。这种强烈的冲突感是被称为移情或投射的防御现象的一部分。它们至少会在三个层次上被体验：

1）跟那些正与我产生冲突的人在一起时。

2）当前的体验让我想起过去的冲突时（这是引发过去未处理创伤的更深层次）。

3）脑海中回荡着过去的情境和内容时（这是最深的层次，是最经常惊扰我们的方式）。

疗愈退行需要可靠的、亲近的人的帮助。从退行中学习，让我们打开了内在生命的大门，从而看到里面的丰富内容和机会。它也帮助我们去分辨自己的情感。

结论

被原生家庭的一个或多个成员或其他人侵犯界限，通常是退行的最初起源。而界限侵犯或其迹象，可能是贯穿我们生命的一系列退行的诱因，直到我们开始疗愈，并从认知和体验两方面去认识它为止。

退行可能很微妙或戏剧化，而另一种常见的界限扭曲也很难以捉摸，即投射性认同。这将在下一章描述。

Chapter 6

界限与投射性认同

给予和接收是关系中的核心动力，无论该关系是否健康。认识到投射性认同是一种不健康的动力，能帮助我们理解健康互动的本质，从而导向更丰富与更满意的亲密经验。这种经验也能让我们更加理解界限，这会增强疗愈的力量。

多年来，心理学家与其他治疗师曾为投射性认同现象做了各种命名，包括：分离型互动，不合理角色分配，替罪羊式互动，对攻击者的认同，唤醒替代者，分离的部分客体，联合人格，家族投射过程，融合、卷入和家族自我群集。这些词汇都指向同一普遍的过程，该过程频繁出现于未疗愈的成年儿童身上，他们通常成长于不健全的家庭。

起源与定义

虽然许多心理学家都试图定义投射性认同这个复杂的过程，但总结出一个既简洁又完备的定义是很困难的。其中一个清晰的定义来自于卡什丹，他把投射性认同定义为："一个人诱导他人以一种限定的方式来做出行动或反应的人际行为模式。这与一般的投射有所不同。一般的投射本质上是一种心理活动，并不需要任何形式的外显反应。"

本人对投射性认同的简单定义是：一个人否认或拒绝看到自己内心世界的某些部分，却诱导他人承接并表达出来，然后对其横加指责。在疗愈之前，包括建立健康的界限之前，通常双方对该过程都无意识。甚至对观察者而言，如果对此过程没有意识，也很难注意到这一点。

投射性认同是我们用来防御和处理痛苦情绪的所有方法中最复杂微妙的手段之一，也是功能最失调与最具破坏性的手段之一。它始于婴儿早期，产生于健康与不健康的发展机制的结合体中。

也许我们最早期的两种防御痛苦情绪的机制就是分裂（全或无的思维和行为）与投射。为了连接、成长与发展，婴儿在其外在生活中，利用其父母与他人来了解和体验自己的内心世界。婴儿与儿童是以他人为模板、镜子的。如果这些他人的模式是不健康的，那么婴儿与儿童就会对自己和他人产生扭曲的认识。

在理想状态下，随着成长，孩子会学到用一种健康的方式把最初的全或无（二元对立）的思维和投射渐渐发展成更加复杂的层次。逐渐地，他会看到全和无中间的灰色地带，并从中做出选择，也将学会接纳自己的内心世界，而非否认或把它投射出去。然而，在一个不健康的家庭或社群中，儿童会发展出一系列病态的应对痛苦的手段，其中一种就是投射性认同。正如第 4 章所述，在这种病态的成长与发展过程中，婴儿与儿童也习得了不健康的界限。这些与用于防御痛苦情绪的投射性认同的建立有着错综复杂的联系和相互作用。我们在疗愈过程中会以认知和体验投射性认同的方式，学到大量关于健康与不健康界限的内容。

投射性认同的过程，少则被分为三个阶段，多则被分为八个。我发现把它分为连续的五个阶段或事件，是最易理解的。如图 6.1 所示。在每个阶段，都可能存在某段特定的关系中给予和接收这个普遍过程的健康或不健康的方面。

给予和接收的五个步骤

投射性认同始于（1）我无意识地与他人（即客体关系心理学中所说的"客体"）分享我内心世界的一部分（自我的一部分）的方式与他人产生连接（图 6.1 中的 1）。

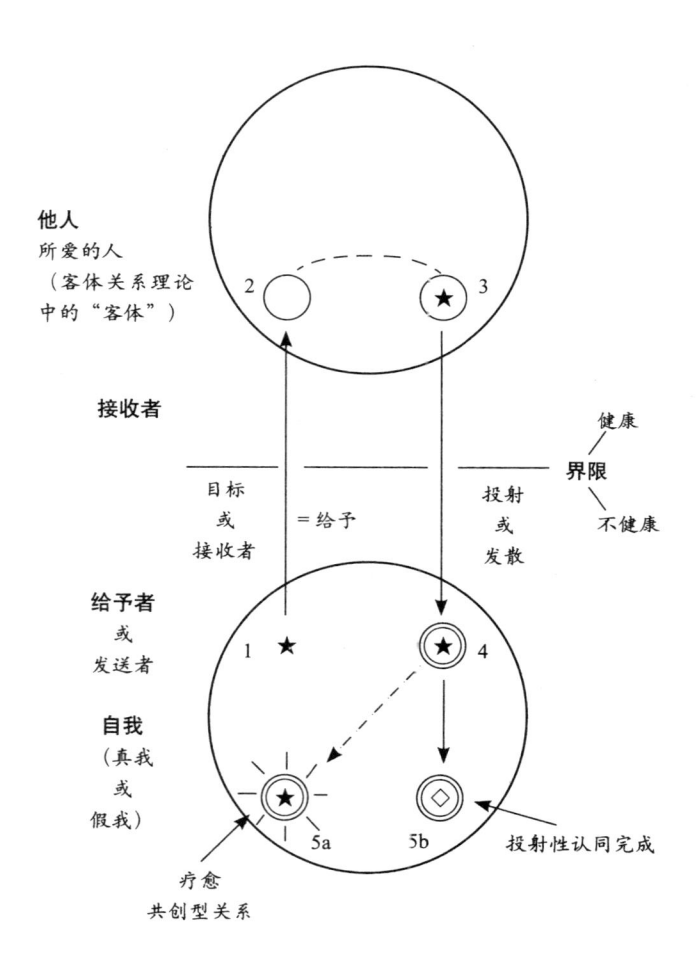

图 6.1　人类互动中的给予和接收

相比之下，在健康的给予和接收中，我有意识地与他人分享我内心世界的一部分。这种分享可能包括我想对你给予、付出、连接或疗愈（投射）的任何感觉、需要、愿望、期待或想法，或是我想要被肯定。最终，正如这一步和接下来的所有步骤中，这些内心世界的内容要么是我制造的，要么是从他人那里接收的，或是两者都有。

我传递给你的任何信息，可能大部分都是我的，也可能是我俩的某些方面。但你处理信息的方式将与你的内心世界，以及你的回应能力有关（图6.1中的2）。因此，基于那些因素，作为回应，你也许也会给我发送一条信息（图6.1中的3）。这个回应也许是你的扩充或你对于我最初传递过来的内容的思考、理解或经验的投射。下一步骤是我对你传递来的信息的理解，而这又基于我从你身上吸收或体验到的部分（图6.1中的4）。

上述步骤中的每一步，都会让双方产生各种想法、感觉和内心世界的体验。我们如何处理这一切，取决于我们在那一刻是如何体验自己的生命的。例如，如果我的自我是真我（图6.1中的5a），那么我就会利用我的经验去扮演我生命的共创者。当出现冲突和痛苦时，我也许会从这些体验中成长。

但上述这些（图6.1中的第1~5a项）仍然不是投射性认同，因为我的真我保持着全然的觉知，并保持健康的界限。我没有呈现任何不属于我的部分，也没有给到你任何不属于你的部分。因此这是一种健康的互动，而非投射性认同。

投射性认同的案例

然而，假如我忽略真我并认同且以假我或依赖共生的我存在时，我也许会停滞或退行，像个受害者或殉道者一样让自己紧缩起来。我无意识地投射了我的部分内心世界给你，这部分正是我希望你来扮演的。这种投射性认同也许还会让我持续地否认这部分投射出去的内容是属于我的。例如，如果我生气或愤恨时，我会无意识地把这部分扔给（投射给）你。如果你同样无意识地接收了，并通过表达或反击的方式见诸行动，那么我就不必处理我的生气和愤恨了。而且，如果你"过分地"向我或向他人表达你接收到的愤怒，我会痛斥和批判你，或是以其他方式与你对立，如长时间频繁地对你发怒。

或者当我感到羞耻和缺失时，我不想感受和处理这种羞耻感，同样也会无意识地试图把这些感觉传递给你。如果你无意识地接收了，你会见诸行动或甚至可能对我表达这种感觉。那我就可以更强烈地羞辱你的缺失感。

请注意在表 6.1 这些例子里，几乎每个信息和动作都是无意识地传递和进行的。这与在未疗愈的依赖共生关系中存在的动力基本类同。事实上，这种动力就是实际依赖共生的例子。这与健康互动是相悖的，在健康互动中，给予和接收都是发生在双方高度意识化的觉知水平上的。

两人或多人间的无意识状态以及不健康的合作方式就会造成投射性认同。双方都高度地共生，因为都有一个迷失的自我。每个人都集中于（即投射、利用和指责）他人、对方以及他们所受的伤害。每个人也都同样展现了不健康的界限，这种界限使得这破坏性的动力得以完成其恶性循环。

与绝大部分我们所习得的防御痛苦情绪的机制相同，我们也是从功能失调的关系中习得这种破坏性的防御机制的。在我们的原生家庭及别处看到的模式中，我们会发现，它可以帮助我们从所有那些不健康关系带来的巨大痛苦中存活下来。幸运的是，我们可以习得，也可以忘却。

疗愈投射性认同

从这种破坏和囚禁我们的防御机制中解脱出来的方法，是去疗愈我们的真我。以下是三个非常重要且相关的基本行动步骤：

1）识别我们的真我。

2）将我们内心世界的无意识内容意识化并承认它。

3）设置健康的界限。

界限是其中的关键，正如图 6.1 所示。当我们的界限不健康时，我们就会如海绵般吸收他人内心世界传递过来的痛苦冲突的内容。显然这些内容不是我们的，我们却浸泡其中。除非我们有健康的界限，他人才会吸收被我们返还回去的内容。为了拥有健康的关系，健康的界限是我们每个人都要必备的。

表6.1 给予和接收：依赖共生中的投射性认同及其动力和案例

A. 健康互动	B. 愤怒的依赖共生循环
1. 我内心世界的某些方面需要连接、分享、肯定、散发或疗愈（投射）例如：一种感觉、需要、愿望、期待或想法。这些内容可能来源于他人或自己	迪克把源自孩提时期被父母虐待而产生的无意识愤怒和愤恨投射给简。他并未完全体验或承认他的愤怒，却无意识地诱导她来替代他感受和表达其愤怒
2. 他人回应的内容和能力。源自接收的，或是自己制造的	简自身也有一些未疗愈的愤怒，且无意识地承接了迪克投射的愤怒
3. 他人的回应、扩充或投射。源自接收的，或是自己制造的	简公开地向迪克的父母和他人表达了这种愤怒，并传回迪克那里
4. 我的感觉，我吸收或体验到的。源自接收的，或是自己制造的	迪克避免了处理自身愤怒的责任，把这理解为是简过于愤怒和愤恨，并因此批评她。他本人则得以保持冷静和受控的状态
5a. 在保持对真我完全觉知的前提下，我利用自己的体验，作为一个共创者而成长，肯定并扩展自我，共同创造。健康的互动	疗愈与转化的潜在空间
5b. 在忽略真我、主要依赖假我的前提下，我继续殉道者或受害者的身份，停滞或退行。自我收缩。继续否认我的某些部分。投射性认同	由于对真我毫无觉察，迪克主要依赖假我生存。继续扮演为简殉道/受害的角色（因为她属于他）。这使得他继续否认他那些尚未表达的愤怒，这些愤怒将持续产生并戕害他。他俩都回避亲密，并由于二人都缺乏满足而相互指责

续表

C. 羞愧的依赖共生循环	D. 依赖共生转化为健康的界限
1. 由于童年创伤，罗尔总有无意识的羞耻感和缺失感。他把这些投射给他的下属吉姆。每当吉姆犯了一些小错，罗尔就会严厉指责或羞辱他，而非支持或帮助他	帕格，作为母亲，经常把解决自己的冲突和痛苦的责任投射到她的成年孩子金身上
2. 吉姆也有源于自己原生家庭的未疗愈的羞耻感。他无意识地承接了罗尔投射过来的羞耻	作为一名卓越的照顾者，金想帮助母亲，甚至是纠正她。她开始倾听，并对自己的内心世界保持清醒。她立即感到不适并意识到这种互动是不对劲的
3. 吉姆渴望得到罗尔和他人的支持，出错时便坦白地谈论自己的错误，如此一来便取代了罗尔承担自己错误的责任	金温和地告诉母亲，自己处在这个角色上并不舒服，并表达和强调了自己的界限
4. 罗尔继续羞辱和苛责吉姆，包括所谓的吉姆在事业方面协助他时"缺乏热情和投入"	她提议母亲去做心理治疗
5a. 疗愈与转化的潜在空间	一开始帕格感到困惑且受伤害，但几天后，帕格找到了一些伙伴，以及一位治疗师，并与之交流
5b. 罗尔对真我毫无觉知，全赖假我生活。他对吉姆苛责更甚，自己则扮演无能为力的受害者。这使得罗尔继续否认自身的羞耻感，让他继续深受其害。他俩回避进行建设性的共同工作，而因自身的痛苦指责对方	在这些新的支持下，帕格开始认识到自己的真我，并开始探寻自己的健康界限。帕格和金都开始学习扩展对彼此无条件的爱。有时，帕格还会旧事重提，叫女儿帮她解决自己的冲突和痛苦。当此事发生，双方都能意识到，并重建健康的界限

续表

E. 散发无条件的爱的循环
1. 尽管彼此一直存在冲突，也在不断尝试解决冲突，马歇尔依然保持对芭芭拉的爱
2. 最初芭芭拉对马歇尔的爱心存疑虑，现在她认识到了，并接受
3. 芭芭拉也对马歇尔回报以爱
4. 马歇尔开放地接收了芭芭拉的爱，并感到被爱所扩展
5a. 马歇尔回报以芭芭拉更多的无条件且累积的爱。双方都开始感到彼此的关系是安全且值得信赖的
5b. 有时马歇尔会倒退，抑制住对她的爱。他便会感到越积越多的痛苦。逐渐地，他记起了那份爱，并呼唤更高力量帮助他，重新把无条件的爱给予芭芭拉。他们的关系不断地在成长

我们可以通过无数种方式，把与我们的未完成事件相关联的无意识内容上升到意识层面来，通过那些在漫长的疗愈过程让我们有所获益的方式。下面就是那些把投射性认同中的无意识内容带到意识层面来的案例中的一个，其中包含了一些有效的动力，包括投射性认同。

乔，40岁男性，其母是一位过分控制的女性，常常指挥他和家人该做什么，该如何感觉。迄今仍是如此。尽管这让成年的他持续备受挫败和伤害，他仍然等着别人来告诉他该做什么。这让他的绝大部分的关系都出现了严重的问题。

他的内在生命被剥夺，对自己的真我浑然不觉。他母亲反复地侵犯他的界限，破坏他真我的健康和完整。但在他疗愈以前，对他而言这些动力大部分是无意识的——它们在他的意识之外。

> 在疗愈的早期，他对表达自己的真实感受，如有时反复地说父母的坏话，感到内疚。后来，他又因无法改变母亲对待他的方式而感到无助。他开始看到，唯一能改变的就是自己对母亲的回应方式。他唯一能改变的是他自己。在他的个体治疗和团体治疗中，他学会了去哀悼这些未曾哀悼的创伤，并开始对他的父母和他人设置更健康的界限和限制。

一旦我们开始将无意识的内容上升到意识层面（无论是否属于投射性认同的内容），认出和疗愈我们的无意识痛苦、创伤和强迫性重复都将越来越容易，同时预防目前的伤害（压抑和抑制）也变得更容易。事实上，我们不再遭受这些伤害，而是体验它们，并从中得以成长和疗愈。

投射性认同虽然对个体及其关系最具破坏性，但它也对疗愈起到了一点作用。奥登描述了投射性认同过程的四层作用（表6.2）。前三层是最原始的，在这里投射性认同被作为防御的手段、沟通的尝试和过渡性体验。第四层，也是我们最能掌控的一层，则是利用投射性认同作为一种成长的机会。我们可以在漫长的疗愈过程中发现这一点。

表6.2 投射性认同过程中的作用层次（奥登，1991）

> **防御**——用于与自身的痛苦和不愿遭受的体验，以及内心世界的其他部分保持心理距离

> **沟通**——我诱导你产生跟我类似的感觉和体验，这样你就能更加理解我，我们的互动也会更贴近
>
> **过渡性体验**——通过把我不想要的体验传递给你，而非自己承认，我得以与它保持一定的距离去探索它
>
> **成长机会**——在你身上感知我的体验，并修通我们之间的冲突，我得以承认我的体验并疗愈我的一些未完成事件

结论

把我们的某部分内心世界意识化，而非抛到他人身上，是一种微妙的平衡。听他人分享其内心世界但不承接且不吸收不属于我们的部分，也是我们能够掌控的。健康的界限能帮助我们维持这种平衡。表 6.1 的 D 栏和 E 栏展示了这部分动力的健康互动的相关案例。

我们给出什么，就会得到什么。如果我们给出的是痛苦（投射），我们收到的是更多的痛苦。给出（发散出）的是爱，我们也会收到更多的爱。理解这些动力和原则，能帮助我们疗愈曾遭受的伤痛。

表 6.3 总结了健康与不健康互动的一些成分。在健康互动中，我有健康的界限，并且大多数时候对自己的内心世界保持觉知，以真我存在。作为这种健康互动的对方，你最理想的方式也是跟我一样。

在不健康的互动中，无论是否存在投射性认同，双方都倾向于以假我存在。他们对自己的内心世界几乎毫无觉察，也不承担责任；他们的界限也有问题。

表 6.3 关系中健康与不健康互动的特征

互动类型	健康的	不健康的
自体类型	真我	假我
意识状态	有意识	无意识
是否对内心世界负责	是	否
是否有健康的界限	是	否

不过，分辨出何者源于我的内心，何者是源于他人，并不总是那么容易。下两章中阐述了对此有所帮助和指示的一些原则。

Chapter 7

界限的辨别与确认——第一部分

学习投射性认同的防御能帮我们辨别某些心理内容是属于我的还是属于他人。但仅仅知道这一点并不意味着我们中任何一方宣称的内容就一定属于谁。事实上，这种不分青红皂白的宣言本身就能构成对界限的侵犯。

这是一种微妙的平衡。在我能够舒适地辨别与确认属于我的内容和不属于我的内容前，需要保持警醒和实践，且通常需要经历多次尝试和错误。

什么是我的？

为了在关系中辨别出哪些是我的心理内容，最重要的行动也许就是去留意我的内在生命（图 1.1）。我的内在生命包括我的信念、思想、情感、决策、选择、体验、欲望、需要、感觉和直觉等，也包括无意识的体验，如梦和幻想、强迫性重复和其他未完成事件。我对真我和内在生命了解得越多，就会越清楚在任何关系中属于我的部分。

走得更深——用体验帮忙

当我无法识别内在生命中仍处于无意识的某些材料和体验时，问题就来了。把无意识材料意识化的一个方法是使用一些体验技术，如冒险和分享、讲述我的故事、修通移情和梦的分析等。这些体验技术能开启无意识的大门，由此开始去体验里面存储的内容。《给自己的礼物》中描述了 21 种对疗愈过程与日常生活有帮助的体验技术，在表7.1中也有列出。

我能够开始体验更多自己强大的内在生命的一种方式就是去运用多种技术去辅助我的体验。这些体验性疗愈技术有以下共通的一些特征：

活出真实——当我们使用它们时，我们倾向于活出真实或真我，尽管一开始可能会感到不舒服。

聚焦——我们聚焦在内在生命的一个方面。

安全——为了达到最佳疗愈，通常需要在安全和支持性的环境中完成。

当感受和其他的材料出现时，我可以跟一个或更多合适的可靠他人去分享，并往健康的方向去修通它们。在《给自己的礼物》的第17、18章的"体验"部分描述了详细的过程。这些方法都对哀悼过程有助，而其中一些，如心理剧、团体治疗和呼吸重生疗法（breathwork），对一种被称为发泄法（abreaction）的剧烈的哀悼方式也会更有帮助。这些将在下面的内容中有所涉及。

表7.1　疗愈内在小孩（真我）的一些体验技术

---

1. 与可靠和支持自己的人坦诚分享，尤其是感受
2. 故事倾诉（诉说自己的故事，包括分担风险）
3. 修通移情（我们投射或"转移"到别人身上的部分，反之亦然）
4. 心理剧及其变体：重组、完形治疗与家庭雕塑
5. 催眠及相关技术

---

6. 参加自助聚会

7. 实行疗愈的12种方法（例如加入匿名戒酒互助会、酗酒人士亲属匿名互助会、依赖共生者匿名互助会、匿名戒毒互助会、暴食症匿名互助会等）

8. 团体治疗（通常是一个能够实践多种体验技术的安全和支持性环境）

9. 伴侣治疗或家庭治疗

10. 引导想象

11. 呼吸重生疗法

12. 肯定法

13. 梦的分析

14. 艺术、动作与游戏治疗

15. 主动想象，运用直觉和语音技术

16. 冥想和祈祷

17. 治疗性身体工作

18. 写日记

19. 写不寄出的信

20. 使用类似《给自己的礼物》等工具书

21. 创造自己的体验技术或疗愈方法

正如《给自己的礼物》和《依赖共生》中提到的，这些体验技术最好是在一个完整的疗愈体系当中去使用。

> 当我对某个人、事或物产生强烈的情绪反应时，去留意它。这里我的反应强度通常与该刺激引发的反应强度是不成正比的。
>
> 例如，我在飞机上听到某人在反复地洗牌打牌，会感到极度激怒和生气，简直想跑过去掐死他们。好一会儿我才搞清楚为什么自己会有这么激烈的反应。在下一次飞行中，我使用了自我引导想象的体验技术。在想象中，一个画面浮现了，那是我儿时夜里准备睡觉时，我的父母和他们的朋友却在隔壁房间大声地洗牌打牌，让我几乎睡不着。多年来这种愤怒一直堵在我心里，以至于当下的这种声响会激起我相关的回忆。作为不健康家庭里长大的成年儿童，我在自己的疗愈过程中用了多种帮助方法，这种体验技术是其中一种。如今当我听到这类声音，还是会起反应，但不再会那么强烈。我也会立即产生相关的联想，然后便能放下。
>
> 另一个例子是，每当苏珊听到冰块掉进空玻璃杯的声音时就会泪流不止。她父亲是个酒鬼，而母亲对此无能为力。在她的疗愈中，她使用这种体验来帮助引发过去童年创伤的回忆。

几乎所有情况，包括声音、景象、气味、触碰、词语甚至是情境，都会触发这些强烈的反应。这些诱因会以某种方式提醒我们过去未疗愈的伤口、丧失或创伤。

这类创伤体验几乎总是包含了某种伤害我们精妙敏感的真我的界限侵犯。真我对创伤的反应会产生一些能够疗愈自身的能量，就像皮肤破了会长出新的组织去自愈一样。这些能量通常都有与情绪痛苦相关的成分。但如果这个能量及痛苦情绪被扼杀、压抑或不允许被表达，真我就会将它们储存在自身的无意识中。以上这些通常会损伤我们的活力、创造力和乐趣。如果这能量和痛苦不被用于疗愈，时间长了，它会以某种模式化表达或强迫性重复的形式重新浮现，再次尝试去疗愈。

疗愈的障碍

通常有两种因素会阻碍这些疗愈我们的旧伤、丧失和创伤的反复尝试。一是我们对处理储藏能量的痛苦情绪的心理防御，二是仍在持续被他人侵犯界限。从他人微妙的忽视到主动的攻击，这些界限侵犯的范围贯穿了本书的描述。我们可能反复尝试去表达以疗愈，但别人不让我们这么做。

这些阻碍性的界限侵犯可能来自个体、家庭或社会。可能以多种形式出现，从阻碍真我自由表达的内置在我们心智中的信念和假设，到全外在的侵犯行为。这些障碍中的任何一个都可能被阻止自由表达的个体和团体所支持拥护。这些团体可能包括我们的教育体系、宗教、助人者、媒体、商业、执法体系和政府。

这些障碍的一个常见例子就是，当一个人在主动哀悼或卡在了过去未哀悼的痛苦中时，治疗师说他们是"抑郁了"，需要服药。这里的界限侵犯就是用一个不恰当的名称去定义他们的状况，并用药物来代替健康的哀悼过程。《依赖共生》第19和20章"疗愈人类境况"中提到了更微妙的各种界限侵犯。

这些以及不计其数的其他例子，就是我们为何需要一个安全和支持性的环境去帮助我们向内看自己的内在生命、去体验当中有什么、承认它、修通它并最终放下。正是在这些行动中我们才能不停辨别哪些内容是我们的，哪些不是。

情绪发泄

像上述的任何强烈反应都会累积张力，直到能量转化为大量行动把情绪以某种方式从人身上一泻而出为止。这叫作情绪发泄，是一种对早先未表达的心灵痛苦和能量的倾泻。如果一个发泄者有安全和支持性的环境，包括有人接纳他们对痛苦的表达，不忽视他们，他们便有机会疗愈相关的未哀悼的悲伤。

> 帕特是成长于一个问题家庭的22岁大学生。她在跟男友尝试身体接触和性亲密时反复感到不适和恐惧，但不知为什么。某个周末她去看望妈妈时，类似的感觉自发地出现，她哭了起来。当她走下妈妈工作的地下室的楼梯时，曾经被外公性侵的记忆涌现出来（她9岁时在这个地下室被性侵，走下同样的楼梯和产生那些感觉，引发了相关的回忆）。在那一刻她的恐惧和悲痛爆发了，她尖叫哭喊起来，并把这一切告诉了妈妈。

让帕特有所疗愈的原因不仅是她表达了悲痛并倾诉了真实经过，还有她母亲相信并支持她。她母亲后来找了咨询师去帮她进一步修通这个问题。如果母亲不相信也不支持她，帕特就会受到双重创伤。而这种不支持也是一种界限侵犯，那种情况下，她母亲就侵犯且无视了帕特的真实经历。

这是一个情绪发泄的例子。通过自身的动力和能力，以及母亲的支持和多次咨询的帮助，帕特能够辨别、承认和修通过去未哀悼的创伤带来的痛苦。这么做也让她得以增强了自身的界限。一年后当她叔叔想占她便宜时，她坚决拒绝并推开了他。

情绪发泄是一种极端且剧烈的退行形式。这种体验如果是在安全的设置下被识别和支持，就会成为治疗过程的一个重要部分。事实上，我认为，在一个安全的环境下，如果一个人对创伤经验的连续体的体验得到了验证，情绪发泄可能是退行的自然扩大和延续（图 7.1）。

当伤害、丧失或创伤发生时，我们都会有通过哀悼去疗愈它的自然倾向。即便在孩提时代我们就已经知道如何哀悼。如果得到支持并能安全地表达出悲伤，我们便能疗愈，然后放下那些痛苦的能量。父母健康哀悼过程的榜样将会支持和教会我们这个过程。但如果我们感到不被支持，也没有健康的榜样，表达痛苦也不安全，那这些未转化的能量就会储存起来，成为未愈的创伤。创伤的一个表现可能就是反复退行，接下来另一个更剧烈的形式就是情绪发泄，因为我们总在不停地尝试疗愈过去的创伤体验。

要想疗愈过程有序地流动，关键在于感到安全、被他人支持和认可，以及侵犯我们界限的人不在场。被健康的父母或他人和有经验的治疗师或可靠的同伴支持，如在治疗小组提供的安全而舒适的"抱持性环境"中，受伤的人便可以表达哀伤并逐渐疗愈。

```
创伤 →(感到不安全和不被支持)→ 未愈的 →(感到安全或不安全)→ 退行 →(感到更安全被看见)→ 情绪发泄
  ↓(感到安全和被支持)                                                              ↓(感到安全被看见)
  健康的哀悼                                                                        表达和疗愈
  ↓                                                                                 ↓
  疗愈                                                                              
  ↓                                                                                 
  放下                                                                              放下
```

健康的界限帮助哀悼和疗愈

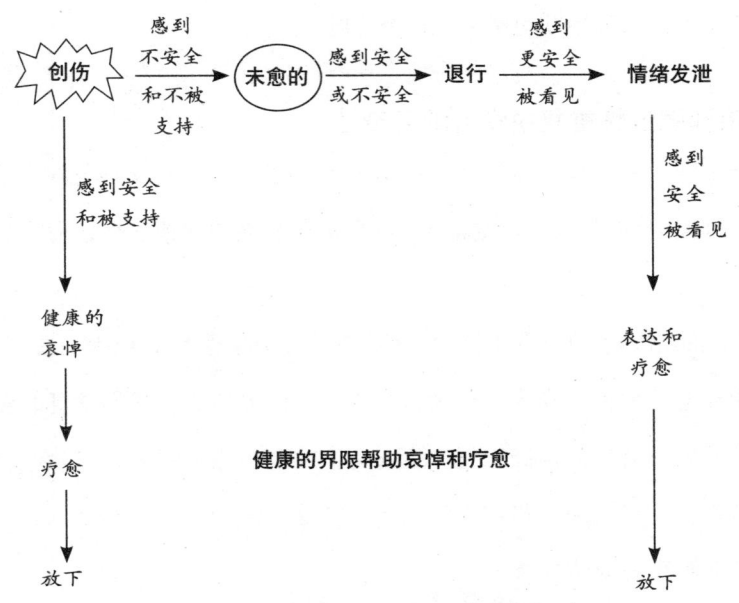

图 7.1　创伤事件连续体和疗愈的尝试

从可靠的人那里获得反馈

从可靠的人那里得到的反馈也能帮我们辨别哪些是我的，哪些不是。但获取诚实与恰当的反馈是困难的，因为许多人可能不愿意或没有能力给出反馈。最有用、有建设性和疗愈性的反馈包括以下部分：

我所见的：我如何与你认同。

我所闻的：当我听到你的故事时，我的内在生命发生了什么。

建议和意见通常没什么用。防御、评判或攻击则常会破坏关系。

反馈跟普通聊天中的分享不同，在这里，人们是分享来自内在生命的内容，如他们的体验、欲望、需要、观察和观点。后面进一步讨论了反馈，在"从可靠的人那里获得帮助"这个标题下。

从反馈和强迫性重复中学习的复杂性

听取别人的反馈或觉知我们的强迫性重复（当我们反复犯同一个错误时）并非是轻而易举的。这需要勇气去实行长期的疗愈工作，通常长达数年的时间。

我们非常熟悉自己在生活中的所见所闻、所作所为，很少去质疑它们。但如果这些习惯性的观点和行动运转不灵，比如造成了我们重复的困难和痛苦，我们就会对如何修正它产生兴趣，或至少感到好奇。作为疗愈的重要部分，我们可以通过辨别与确认什么才是我们的，什么不是，通过拥有健康的界限来完成这种修正。

作为界限侵犯的投射

上一章中描述了一种防御自己的痛苦的方式：把我们内在生命中的无意识方面，即未完成事件、未觉察到的情感和体验等，投射到别人身上。因为去体验和承认它们太过痛苦，我们就把这些特质、特征、情感和模式看成是他人的。这样我们便可以至少暂时性地不必去处理这些痛苦。当我们这么做时，我们便是在实施一种最复杂的界限侵犯，这很可能会让我们阻碍自己去获取健康和满意的关系。

要去治疗投射，首先必须能识别它。在我能开始认出自己的投射之前，它有多种伪装形式（表7.2）。包括全或无的思维和行为这个核心议题、过度反应、强迫性重复、自身行为中的限制和力量、投射性认同与怨恨。当我身上发生了上述任何一项，通常就是在否认我内在生命的某个方面，或是将它投射到了其他人、团体或事物上。

当我以任何方式去投射时，我便是在侵犯别人的界限，尽管我和他们通常都没意识到正在发生什么。无论我无意识地将什么投射给他们，或尝试投射给他们，那些内容不仅可能不是他们的，而且极有可能确实不是他们的。事实上，那些都是我的，只是我可能还没意识到而已。因为某些原因，我无意识地选择将这些内容保持在意识之外。去了解和承认它的好处是，我最终可以疗愈围绕这些投射内容的创伤。随后我便可以从这些投射中解脱出来了。我可能为这不管是什么的投射去命名它、承认它、体验它、修通它以及从中学习并最终放下它。如此我便得到了疗愈和成长。

下一章会继续叙述如何辨别和确认属于我的和不属于我的内容。

表 7.2 投射背后的伪装

	特征	定义	例子	可能的投射内容
1	全或无的思维或行为	只从一个角度来看待人、事、物（要么好，要么坏）	所有老板都是剥削的。所有男人都不能信任。所有女人都是要骗男人的钱	我是剥削的，或让别人剥削了我。我是不可信的，或是我太轻信别人。我在钱和付出这些方面存在问题
	明显确实的感觉或判断	在全或无之间变换：在某人身上，我从来没看见什么特征	大学或学院教授从来不会错	我不想拥有自己的智慧
	理想化或贬低任何人或组织	在某人身上，我总是看见什么特征	所有神职人员都是仁慈、热心和可信的。所有德国人都是纳粹	我不想承认神职人员的黑暗面；或我对纳粹充满愤怒，曾被他们伤害

续表

	特征	定义	例子	可能的投射内容
2	强烈的厌恶反应	一种通常是对别人的行为产生的强烈的反感、敌对或类似的情绪反应。此反应的强度与他人的行为不成正比	我讨厌乔没完没了的需要。我讨厌"软骨头"	我害怕面对自己的需要、依赖或脆弱[1]
3	强迫性重复	什么样的错误或糟糕的选择我会一犯再犯	我总是卷入那种不理解和虐待我的关系当中。我总是做一些自我破坏的事情	我把个人力量中的某些方面给了别的人、事、物或行为
4	自我设限	我从未做过某些事,就算这些事可能对我有益	我从未分享过任何自己的感受或秘密。当被虐待时,我从未面对过我的___。	我害怕处理分享中的快乐和痛苦,不敢面对我的___,不愿独自脆弱地待着
5	自我彰显	当我被自己想"彰显"的东西占据时,可能会无法活得真实,并拥有满意的关系	总是照顾别人,会忽略照顾自己	见例子
6	投射性认同	我不想体验和承认内在生命的某个部分,而是把它投射到别人身上	见表 6.1	见定义
7	怨恨	长期存在的、未解决的愤怒和辛酸	我因为_____而怨恨她	我可能害怕面对我自己的_____[2]

1. 这种反应也可能无意识地提醒了我关于另外一个人的需要,在过去它以某种负面的方式影响了我。
2. 有时怨恨可能是正当的,我们并没有投射;有时怨恨也可能是正常的,因为我们投射了。表 8.1 对此会有帮助。

Chapter 8

界限的辨别与确认——第二部分

修通冲突

与其继续被卡在这些投射中，生活在痛苦中，不如去修通围绕着它们的冲突。当我们处于这样的冲突中时，去探索至少三个冲突层次是有帮助的。

冲突的三个层次

1. **当下的冲突**。第一层是最明显的，即此时此地我们跟生活中的某个人或某些人的冲突。在我们与某人的冲突中，其程度根据情况可大可小。但无论怎样，基本上我们都可以搞定这个层次的冲突，达成一致。如果问题只存在于这个层次，那解决起来是相对容易的。

2. **过去未疗愈的冲突**。第二层就更深入真我，或许甚至深入到了目前未觉察的无意识部分。这一层的冲突跟当下的对方不太相关，更多则是跟早先与此类似的、但未解决的第一层冲突的对方有关。在这个层次上我们感到很紧张，甚至过于紧张了。正常的解决方案不适用了。

为了对这类未完成事件更有意识，我们可以问自己如下问题："这个冲突（来自第一层次）让我想起了过去的谁或哪件事吗？"然后可以告诉可靠的人，或是写下自己对这个治疗性问题的回答。如果想起了某人或某种特定的体验，我们就可以开始回答下列问题：

- 这个冲突是跟谁发生的？
- 在什么时候？

- 我当时几岁？
- 发生了什么？
- 后来呢？
- 再后来呢？
- 我曾尝试去解决它吗？怎么做的？
- 有什么办法能让我从这个未解决的冲突中解脱出来？

表 8.1 列出了可以帮助解决这类冲突的问题和层次的框架。基于冲突的性质、持续的时间和当中的其他因素，我们可能要花几天、几周、几个月甚至更长的时间去修通一个未解决的冲突。只要需要，我们就花时间去做，这样会很有帮助。这个过程常常伴随着痛苦，所以无须匆忙。如果可能的话，请利用你的治疗团体、治疗师和／或日记本来帮你进行。

3. 内在声音或信念。最后一层就更深了。这涉及我们曾经遭受的痛苦的事情、压抑到无意识中的模式或信息，而且我们也深信不疑（如过去的声音）某些成见。这通常与前两个层次的冲突有某些重要的关联，同时也对解决冲突至关重要。

为了对我们的未完成事件处于什么层次更有意识，可以问自己下列问题：

- 围绕这个曾经的冲突，我听闻或习得了什么严格的规则或负面信息？
- 围绕这个曾经的冲突，我形成了什么观点、信念系统或态度？
- 我是否吸收了这个曾经的冲突中对方的某些方面，且现在变成了我的一部分？

随后我们可以把这些告知一个可靠的人，或把这些回答写在日记里。就像在上述层次一样，我们可以利用治疗团体、治疗师或写日记来协助修通这个层次的冲突。表 8.1 是一个对此有助的框架（在往表格里填写内容之前，可以先复制一些以备用解决将来的冲突）。记住，此表并非解决冲突和移情问题的最终方法，但它通常有本质的帮助。

持续疗愈投射的冲突

我是否能够/想要跟起冲突的对方直接解决冲突，取决于对方是谁，他们的安全度、可得度、我对这段关系的承诺度等。但无论如何，我都可以利用团体治疗、个体治疗、写日记或其他安全的方式去解决。

解决冲突和修通投射（也可称作移情）的是我们的内在小孩或真我。通常是我们的假我或负性自我造成了冲突。即便如此，假我或负性自我有时也是伪装的朋友，它们可能是在尝试告诉我们一些重要的事，或是在危险或可能会被情绪淹没的情境中让我们存活下来。

要辨认出这些被我们称为投射的界限侵犯，并无固定规则。表 7.2 写到了一些普遍的例子。然而，这并不意味着每次这类例子发生的时候，都是投射的无意识防御在起作用，也可能是当下冲突的呈现（表 8.1 的第一层次）。也可能是第一层次（当下的冲突）和第二层次（过去未解决的冲突）在不同程度上的呈现。也可能第一层次的冲突并不如显示在第二层次冲突中的移情或投射重要。我们需要多少时间，就花多少时间去区分它们。

表 8.1 解决冲突清单

冲突级别	冲突针对什么	我对冲突的主观感受如何	领悟澄清问题	可能的解决方案
1 针对什么人？ 针对什么事？			冲突的重要性（小？中？大？） 解决冲突对我意味着什么？ 我希望此结果我要放弃什么？ 达到此结果我要放弃什么？	
2 是过去冲突的延续，还是待解决的冲突？			第一级别的冲突牵扯到什么？ ·谁？ ·什么时候？ ·如何发生的？ ·下一步会发生什么？ ·解决该冲突的可能方法？	
3 痛苦或负面的信息来自过去冲突的素材或类型			关于该冲突我将听到哪些负面信息？ 解决该冲突会涉及过去的什么人？ 我如何利用手头资源解决该冲突？	

就算我们建立了越来越健康的界限，在疗愈之路上已大有进展，与投射相关的冲突也并未消失，无意识内容总会显现在我们的生命中。只不过区别在于，随着疗愈程度加深，冲突出现的频率会降低，且我们对冲突的觉知力和处理力会增强。我们能越来越快且愈发容易地识别和修通自己的投射、移情和冲突，因为让无意识意识化的能力越来越强。于是，我们建立了更多满意、亲近和亲密的关系。下面的个案历史便说明了这个规律。

> 吉尔已离婚7年，作为一个在功能失调的家庭中长大的成年儿童，她走上疗愈之路已有5年。处于疗愈高级阶段的她，现在正享受着跟蒂姆的亲密关系。最终他们决定同居。最初几个月她觉得很艰难，因为哪怕是最随意的交流，她也觉得蒂姆会给她带来那些她在之前的婚姻中常遭受的嘲笑和微妙的羞辱，因此她不知不觉就想向他投射。
>
> 吉尔说："我以为我在治疗中已经把这些都说出来了，但我还是在为最愚蠢的事情感到紧张。有一次我在修理房子前面的树篱时，不慎割断了电线。我觉得蒂姆知道这事后肯定会说我是笨蛋，就像我前夫那样。然而，他只是告诉我另一根电线在哪里。我从这件事以及其他一些交流中明显认识到，我仍然需要承认和哀悼在上一段不正常的婚姻中我前夫对我的虐待。当我这么做之后，我对自己和蒂姆的边界有了更多的认识。然后最棒的事发生了——我终于可以看到真实的蒂姆了。他真是个很好的人，温柔、亲切，跟我前夫完全不同。如果我没有了解自己的内在生命，没有建立健康的界限，我会把以前所有的伤痛都投射到他身上。而我们都不应该受那种苦。"

通过更清楚地认识自己和伴侣，与过去的伴侣减少纠缠，她在关系中体验到了更多的快乐和满足。当我们继续辨别和承认属于自己的内容、继续识别和修通过去的未完成事件时，还可以采取其他有效的行动。包括：

1）从可靠的人那里获得帮助；
2）倾听别人；
3）保持谦虚；
4）保持警醒；
5）自行修复冲突。

从可靠的人那里获得帮助

辨别所有这些通常并不容易。大部分自身的冲突和痛苦都是无意识的。当我们卷入其中时，可能并不清楚内在生命究竟在发生什么。这就是当我们在辨认自身的界限和疗愈过程中的其他动力时，有可靠和经验丰富的外援的必要性。在很难判断谁才能够对我们的冲突给出最客观准确的反馈时，下列建议也许对你有用。

第一原则是，我们要从中获取帮助和反馈的人必须是可靠的。我们必须能够相信他们是真诚的，并且拥有表 8.2 中列出的大部分可靠的素质。可靠的人会倾听你。他们接纳真正的你，并尊重你的体验和你所说的内心想法。他们对你坦诚且诚实，并且不加评判。他们的界限也是恰当而清楚的。他们与你的相处是直接的，不会把可能引发冲突的其他人带入你们俩的关系中（参见第 13、14 章关于三角关系的内容）。最后，他们是充满支持而忠诚的，他们与你的关系是真诚的。

与之相对，不可靠的人不会真正倾听你，也不会听到你实际上在说什么——尽管他们装作在听。他们可能会、也可能不会跟你有眼神接触。他们经常拒绝或无视真正的你和你的内在体验。他们充满了评判和虚情假意。他们的沟通含糊不清。他们的界限也是混淆的，可能会经常给到你混淆的信息。他们也不会坦诚相对，而且经常带入与你有冲突的第三人。他们可能会跟你竞争，甚至背叛你，而不是支持你。总之，这种关系让人感觉很虚假。

表 8.2　可靠与不可靠之人的一些特征

可靠	不可靠
倾听你	不倾听
听懂你	听不懂
有眼神接触	无眼神接触
接纳真实的你	拒绝真实的你
认可真实的你	不认可真实的你
不评判	评判的
真心实意	虚情假意
坦诚	不坦诚
界限恰当且清晰	界限不清晰，信息混淆
直接的	间接的
不带入三角关系	带入三角关系
支持你	与你竞争
忠诚	背叛
关系真诚	关系虚假

这些特质不能生搬硬套。例如，有些人会看着你的眼睛，倾听你说话，并且支持你，但他们并不可靠。而一个可靠的人有时可能也会不清晰，甚至过度评判。然而，长期来看，这些特征仍能帮你区分可靠和不可靠的人群。逐渐地，你的直觉和洞察力就会越来越敏锐。

倾听别人

如果一个人给出了让你生气的反馈，那他可能是错的。但如果好些人都这么说，那就可能确有其事，值得反思（在罕见的情况下，集体意见也可能是错的）。这个原则正是团体治疗对疗愈创伤如此有用的原因之一，还有部分可能是不健康界限造成的。

> 简是一位34岁的法律助理，她参加了一个以问题家庭的成年儿童为对象的团体治疗。开始的时候，她对团体的带领者和许多成员都表达了愤怒，通常是因为他们"就是不明白"她的痛苦是如何与他们的"不同"。当她这样做的时候，团体成员就会告诉她，她对他们有多愤怒，而他们并未惹怒她。他们指出，愤怒的根源可能更深，她需要继续去寻找。
>
> 以这种方式，这个团体大概花了7个月的时间设置了健康的界限，最终让简开始认识到她实际上是对父母愤怒，因为他们从她小时候到现在一直在虐待她。在之前数年的个人心理治疗中，她没能完全认识到这一点。听到好几个可靠的人给出了同样的反馈，是使她最终有能力把对父母的愤怒命名并承认和（在团体治疗中安全地）表达它的一个重要因素。

保持谦虚

保持谦虚，为人谦逊，意味着我们对于向自己、向他人和更高力量学习是保持开放态度的。这对于几乎任何创伤的疗愈都是一种有力的帮助。保持谦虚，这不同于卑躬屈膝，我是在以一种健康的方式放开我某些界限，这样可以了解和体验关于自己或他人新鲜的、或许是滋养的东西。通过保持谦虚，向我的内在和外在开放，我便能更好地辨别与承认属于我和不属于我的心理内容。

保持警醒

许多遭受了多次创伤的人会有过度警觉的症状。他们总在关注那些可能会对自己有害的东西。创伤后应激障碍中的那些令人烦扰的表现，在疗愈中可能会转化为一种能够敏锐而正确地看待自己和他人的健康能力。

在疗愈中，去辨别和承认属于我的内容，摈弃不属于我的，这个过程让我把对外在事物的警觉转换成了对内心世界的警醒。当我生气时，我知晓。当我悲伤时，我全然觉知。当我快乐时也一样。我不再推开内心世界中真实且必然的事物，也不再防御它们。取而代之的是，我保持警醒去体验、承认、修通、学习，并放下我选择的内心世界中的任何部分。

自行修通

没有任何其他人能帮我辨别什么是我的，什么又不是。也没有任何人能帮我承认属于我的东西。我必须自己去做。

处于冲突当中时，去处理这些并不容易。通常就是需要去做。

即便做工作的是我们，其他人也还是能够帮忙的。我们可以去找可靠的、经验丰富并且支持我们的人来陪伴和引导我们的工作。独自一人并不能疗愈，同时疗愈的唯一道路又是依靠自己的内在资源。这真是个悖论。内在资源就是真我的内在生命中那敏感、脆弱而又充满力量的方面。那些帮助我们的人也并不完美，他们有时会挫败我们继续向内探索的过程，但仍然会逐渐发掘和培育迄今为止都躲藏起来的真我。

就这样一点一滴去疗愈，我们逐渐便对修通的过程越来越有经验。我们学会了设置健康的界限，这样便能容纳属于我们的内容，同时不去承担不属于我们的东西。即便如此，别人可能还是会把他们内心世界的东西投射到我们身上。我们要如何防止自己吸收和承担这些不属于自己的东西呢？

什么不属于我？

每当我在关系中经历冲突，痛苦的感觉袭来之际，我会问自己一个简单的问题："这感觉是我的吗？"诚然，我此刻感觉到的与冲突相关的痛苦是我的，但这个痛苦是我需要承受的吗？我有责任去抚平对方的痛苦，并搞定冲突各方的问题吗？

由于冲突通常关乎各方对立的愿望，我也可以问自己："是否我的要求、需要和期待跟对方是冲突的？"

我的猜测是，疗愈之前，与我们许多冲突相关的大量痛苦实际上并不是我们的，只是我们不知道而已。即便是在疗愈过程中，我们也承担了许多冲突中不属于我们的痛苦。我们也许是从原生家庭和社会中习得了这些，而这正是形成不健康界限的重要部分。由于不健康界限，我们承担了并不属于我们的、别人的痛苦。

疗愈真我

承认属于我的和放下不属于我的,两者的关键都是疗愈真我,即我的内在小孩。成为及活出真我,我就会知道什么是属于我的,因为此时我对自己的内在生命及其动力有了完全的觉知。当某些重要的无意识内容以某些方式在我的生活中呈现时,我也能够揭示它们的意义。

如表 8.3 所示,健康的界限能够帮我区分属于我和不属于我的内容。属于我的内容包括我对内在生命出现的每时每刻的所有内容的觉知。我的行为以及最终让我的生活变得快乐成功的责任,也是属于我的内容。

表 8.3 属于我的和不属于我的一些准则

属于我的
1. 对自己内在生命的觉知
2. 我的内在生命,包括:
我的信仰、思想、情感、决策、选择和体验
我的要求和需要
我的无意识内容
3. 我的行为
4. 让我的生活变得快乐成功的责任
健康的界限
不属于我的
1. 别人对他们内在生命的觉知

> 2. 别人内在生命的内容，包括：
>   别人的信仰、思想、情感、决策、选择和体验
>   别人的要求和需要
>   别人的无意识内容
> 3. 别人的行为
> 4. 让别人的生活变得快乐成功的责任

而不属于我的内容则包括来自别人内在生命的内容，以及他们对它们的觉知、他们的行为、让他们的生活变得快乐成功的责任。当然，让我开心的责任也不在他们身上。

帮我区分这两者——属于我的和属于他人的，正是健康的界限。我的界限让我知道自己是谁，也让我知道自发产生于自己身上的许多事情。

保有慈悲

我们生活在与自己、他人以及更高力量的关系当中。如果我们的界限过于严格，就很可能会把生命的大部分内容拒之门外，并孤独终老。而界限过于松散，又会让别人过度入侵我们的内在生命，最终令自己淹没和迷失在他们的世界里。健康的界限则是灵活的，可以随着我们的愿望、要求和生活的需要随时开闭。

慈悲这种情感是进化而来的、有用的意识与存在状态。事实上，慈悲是我们最高的意识状态之一，或许仅次于无条件之爱。但有时很难区分真正的慈悲和依赖共生中被困的同情，后者通常都存在着不健康的界限。

你曾为别人的故事感动吗？在慈悲和依赖共生中，我们都会有类似的

感同身受。但在真正的慈悲中，我们给予别人温暖和关怀，却并不急于跳进去改变、拯救或治疗他们。我们会在他们需要时伸出援手，同时又不会利用帮助他们去满足自己的空虚（表 8.4）。

在依赖共生的不健康界限中，我们总是关注外在，通常活在一个不舒适的范围内——从忧虑到悲伤。而在慈悲的健康界限中，我们体验到的是苦乐皆含的平静。这种平静或许也有痛苦的参杂，但我们在沉思或与对方同在时，便能够容纳这种感受。

表 8.4　慈悲、依赖共生与界限

特征	依赖共生	慈悲
尝试去修正、拯救、改变或控制	是	否
自我依附		
看重与对方相处的结果		
健康的界限	否	是
活出真我		
感觉	从忧虑到悲伤	苦乐皆有的平静
焦点	外在的人事物	真我、连接、与对方同在

如果我们看重的是结果，并总想去修正或拯救对方，那就不是在实践慈悲，而只是在一个可以被称作"热忱"的更初级的意识状态中。要避免这种复杂性及其导致的痛苦，就要去拥有和保持健康的界限。

在慈悲中，我们共情、同在、不抛弃对方，同时也不会为他们的痛苦所害。

有些人担心健康的界限可能会让我们对他人比较冷淡和漠视，慈悲就是重要的答案。慈悲让我们可以与他人保持亲近和亲密，同时又不伤害到自己。这么做也让我们可以更充分地与他们同在，因为我们拥有健康的自我。

曾属于我的现在不再属于我

在我承认了内在生命或行为的一些内容之后，我是否可以放下它们，并从中解脱呢？这种体验在疗愈中是经常发生的。它通常与放下某些痛苦的感受，以及其他我们不想要的心理内容或行为相关。案例如下：

> 科林是一位在问题家庭中长大的46岁已婚商人。在他成长过程中，父母总让他感到羞愧，以至于他发展出了低自尊，并在生活的各个领域表现出来，包括在与妻子、亲近的人和商业伙伴的关系上。因为不自信，也不曾感知过自己的真我，别人总会利用他，损害他的利益。
>
> 在疗愈中，科林开始认识到他背负了那么久的羞愧其实不是他的。它并不属于他，而是他的父母及别人至今一直投射在他身上的。但在他完成几件重要的事情之前，他还没法放下这羞愧。首先，他必须把它命名为羞愧。他在一个自助治疗团体中写作和阅读他的日记，并花了几个月时间来完成这件事。然后，与命名紧密相关的是，他承认并体验了它。他做了我称之为"与羞愧贴身肉搏"的事，这意味着他以亲密而彻底的体验方式弄懂了他的羞愧。他还把这个过程分享给了治疗团体成员和其他可靠的人。

> 接下来，同样与上述行动密切相关，他找到了羞愧的来源——他的父母和其他有害的客体。这段时间他也明白了什么是健康与不健康的界限。最后，他学会了放下不属于他的羞愧。这个过程包括了远比这里简单的描述要复杂得多的内容，包括了许许多多对他的旧伤和丧失的哀悼。这个完整的疗愈过程大约花费了5年多的时间。最终，他能够体验到自己是谁，对自己感到满意，别人也不再能够利用他。
>
> 科林也明白了，曾经是他的，现在不再是他的。他不再需要承担别人的羞愧。通过制定健康的界限，他把别人的羞愧还给了别人。

结论

辨别和放下不属于我们的内容，通常会比辨别和承认属于我们的内容更容易一些。或许自相矛盾之处在于，要达成这种放下，通常需要先习得如何辨别与确认实际上属于自己的内容。在整个过程中，拥有健康的界限是至关重要的部分。

Chapter 9

健康的界限

当我疗愈了内在小孩,即认识了真我和开始活出真正的自己时,我发现了健康的界限是怎样的,以及它们对我的作用有多大。我逐渐意识到健康界限的主要功能就是保护真我的统整性。

在疗愈过程中,我还认识到健康的界限在我生活中的一些关键领域是非常必要的。包括:

- 自我定义与自我照料。
- 疗愈内在小孩的所有方面,包括:

    真实;

    识别与达成我的需要;

    哀悼过去未曾哀悼的创伤与丧失;

    修通我的基本动力及核心议题。
- 健康的关系:界限能够在我的每种关系中保护我内在小孩的真实性。
- 获得平静:有健康界限的保护,我可以在恰当的时候放下某些边界,与自己、他人和更高力量都能健康相处。

健康的界限

孩提时代,当遭到虐待时,我们的内在小孩为了保护自己,就会躲藏到深深的无意识中去。当修复和疗愈时,便发现真我越来越不需要躲起来了。

我逐渐明白，那个最安全、最能让我放下一切、如是存在的人，那个内在小孩，就是我自己；其次，是我疗愈过程中的可靠他人和同路者，还有指导人、咨询师和治疗师们，以及最好的朋友和可信任的其他人。[1]

我发现，跟这些人在一起，真我便可以自如呈现，只要它感到安全与被接纳。但在某些特定的时刻，甚至是跟不可靠的人在一起，我的内在小孩也不想躲起来。这是因为当它呈现、觉醒和生机勃勃时，我变得更有觉知、更有力量和创造力。

自从我知道疗愈包括逐渐地感受和看到生命中更多的可能性和潜在的选择，并去做健康的选择后，我开始看到设定界限是个健康的选择。因为界限会保护内在小孩的安全和统整，让它持续呈现、觉醒和充满活力，而不必总是躲起来。同时，通过设定健康的界限，我可以对生活中几乎任何领域做出数不胜数的选择。

健康界限的特点

怎么知道自己的界限是否健康呢？一些可能的标准如下：

1）存在性。要拥有健康的界限以及能够感觉到它有没有用，这个界限必须在某种程度上是存在于我意识当中的。如果它不在意识中，我就没法操作它，或是在适当的时候放下它。

---

1. 对躲藏的真我的更多描述可参见第 4 章，在《给自己的礼物》和《依赖共生》中也有。对于可靠的人的描述，可见之前的章节。

2）它在我内在生命中的恰当性。我设界限或不设，取决于我此刻内在生命的体验。我的内在生命包括我的信念、思想、情感、决策、选择、要求、需要、直觉及其他（见图1.1）。因此，知晓此刻我的生命出现了什么，对于我设定健康的界限和拥有健康的关系是至关重要的。

3）保护性。界限可以保护内在小孩的统整性。

4）清晰性。我清楚自己的界限，也清楚我对别人设定的界限。

5）稳固性。为了得到我想要的，我的界限需要多稳固呢？我对这稳固程度负责。

6）持续性。为了得到我想要的，我是否在某段时期都需要维持和坚定某个特定的界限？或是某些时候为了达到目的必须放松它？

7）灵活性。为了得到我想要的，我需要自己的界限有多灵活？为了实现我健康、个人化的需求，健康的界限要有适当的灵活性。要拥有健康的关系，适当的时候我也得放松自己的界限。[1]

8）包容性。把界限松开一些，让其他人、事、物、行为或体验得以进入，是否会对我有用或让我更快乐？

在图9.1中，我总结了健康界限的这八个特点。

---

1. 例如，路易斯和席林说过："……自我……界限能够在个体和环境之间的接触面看得最清楚……这个接触面是不断变动的……它不能被看作静态的现象，而是随时随地在变动的"（外在和内在空间，我加上这一点）。我在全书都提及了界限灵活性和包容性的重要之处，在第17章会谈到更多细节。

图 9.1　健康界限的特点

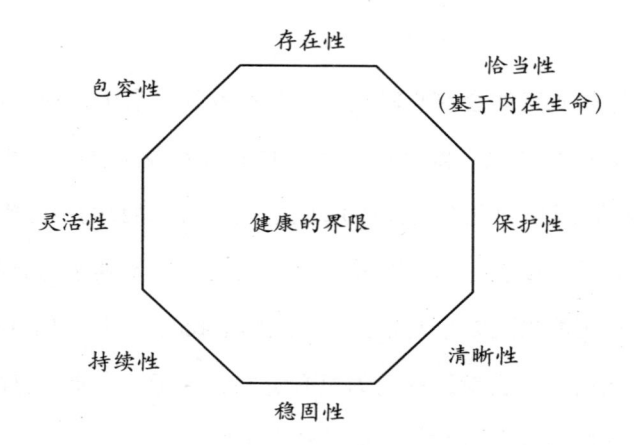

健康的界限（八边形，周围标注）：存在性、恰当性（基于内在生命）、保护性、清晰性、稳固性、持续性、灵活性、包容性

界限不是什么：不属于健康界限的特点

图 9.1 列出了健康界限的一些特点。但有什么特点能帮我们明白什么不是健康界限？我们可以将其称为健康界限的"非属性"，因为它们不是健康界限的属性。

健康的界限不是：

1）由他人设定的。

2）本身具有伤害性的。

3）控制或操纵的。

4）一道墙。

5）三角关系的一部分。

不由他人设定

健康的界限不是由别人设定的。我根据自己的内在生命来设定自身的界限。

要理解这一点可能会花些时间。因为在我的生活中,别人可能会经常告诉我该怎么想和怎么做(在第 2 章的个人界限问卷中的第 3、13、14、18、21 和 26 题中对此有所描述)。而这些人,比如我的原生家庭成员、我的老师等,他们的言行可能更多的是让我习得了不健康的界限。我家庭的一些成员可能仍在以令人痛苦的方式影响我的生活,包括我的界限。当我疗愈自己时,便会对这些动力更有觉知,并开始设定自己的界限,如此才能摆脱掉那些实际上并不属于我的痛苦。

本身不具伤害性

健康的界限本身没有伤害性。无论我树立界限或放开界限,都不会对别人造成伤害。当然,即便本意并非伤害,我设立界限可能也会让他人感到痛苦,有时也可能让我很难受。

有助于辨别这一点的两个关键问题是:长期来看,假如我现在不设界限,对自己和别人的害处会有多大?假如我现在不设界限,由此造成的对我的伤害和怨恨,是否会逐渐破坏我们亲近而有价值的连接?

非控制非操纵

设置健康的界限既不会控制,也不会操纵别人。本书对"操纵"的定义是:一个人试图直接影响别人或从别人身上得到好处。

当控制或操纵别人时,我通常对内在生命是缺乏觉知的,甚或是毫无觉知。我可能在侵犯或支配别人。我始终感到恐惧、羞耻、内疚或愤怒,最终精疲力竭。我可能会陷入困惑，与别人纠缠不清，形成依赖共生状态。

与之相反，通过设立健康的界限，我的目标便包括了保护真我的统整性。我充分觉知自己的内在生命，也不会侵犯他人的内在生命或外在生活。

通常与设立界限有关的感受都是舒适的。刚设限时我可能会有些许不适，对方经常也会。我很坚定，但并无攻击的意思。表 9.1 中总结了这些特点。

表 9.1 区分健康的界限和对控制的需要

作用类型	健康的界限	控制
目的	保护真我	控制或操纵
对内在生命有否觉知	有	很少或无
是否侵犯他人	否	可能侵犯或支配
常见的相关感受	通常是舒适的，尽管感受很多，也包括偶尔的不适	恐惧、羞耻、内疚、愤怒、精疲力竭
其他动力	坚定；健康的信赖及其他动力	混淆与纠缠；病态的依赖

不是一道墙

健康的界限不是一道墙。它能为我提供健康的个人需求，可能包括独处的时间与空间，即离开他人、嘈杂的环境和其他分心的事物。然而，这并非是把我和其他人、事、物和体验隔开的一道墙，它只在我有意识地选择不跟他们发生关系时起作用。后者的例子比如：一个正在疗愈依赖共生问题的人,选择不再跟对自己有害的人来往。或一个正在戒酒的人,选择每天一次也不接触酒精、不喝酒或服药。

与之相反,筑一道墙则属于不健康的界限。它或许有健康有用的目的,但我建立它的方式,以及它带给我和别人的感觉,最终可能会损害我的最佳利益。墙的特性是过于坚硬,而且筑墙的方式可能对己对人都不清晰。我的墙可能会把亲近和亲密的关系都拒之在外。在这种全或无的特性中,我可能会丧失掉一些选择。经常无意识地扮演一个或多个角色,我便很难或无法自然地体验和表达。尽管我做了最大的努力,最终却可能会感到内疚、羞耻和害怕。相对于建立健康界限的真我,墙通常是由假我或小我建立的,可能包含经过伪装的敌意和掩藏的虐待等(表9.2)。

表 9.2 健康界限和墙的区别

	健康界限	墙
灵活性	尽管坚定,但存在灵活性	坚硬
清晰性	清晰	通常不清晰
可否让别人进入	当需要和恰当时可以	不能
状态	健康的、有意识的、必要时是自发的	刚硬、无意识的、很少或没有自发性
全或无的特性	无	通常有
感到内疚、羞耻、害怕	会发生,但很少	经常
设立者	真我	假我

健康的界限是既稳固又灵活的，用墙隔开则相反。健康的界限基于我的内在生命，尤其包括了自己健康的要求和需要。我对自己设限的方式了然于心。如果我处于有意识的状态，当发生的事对我的内在生命和关系有益时，我也会是灵活而自发的。我通过修通自己可能遭遇的任何全或无的思维和行为，来扩展自己的选择。虽然偶尔也会感到某些相关的痛苦，但我对于自己基于内在生命的行为的恰当性是充满自信的。

一旦筑的是墙，那它不但把别人挡在外面，还把真我也关在了里头。这种保护真我的尝试反而囚禁了自己。只要我继续立着墙，我和别人便都无法了解真正的我。把墙移走的方式之一就是走上疗愈之路——每次一块砖地把它拆除。

不制造三角关系

健康界限的最后一个特点是，设立它并不会制造出跟第三人的三角关系。事实上，设立健康的界限反而会防止三角关系的出现。

我一次只跟一个人或一组人设立界限。我不会带入第三人或第四人使关系变得"三角化"。本书第 13 章和 14 章更详细地讨论了三角关系。

结论

健康的界限在许多领域是有用的。在疗愈过程中学习它很关键。缺了它，我就无法完全疗愈。

健康的界限至少有八个特点：存在性、恰当性（基于内在生命）、保护性、清晰性、稳固性、持续性、灵活性和包容性。

最后，健康的界限不是由他人设定的、本身具有伤害性的、控制或操纵的、像一道墙的，以及制造三角关系的。

Chapter 10

界限与关系中的基本动力

迄今为止，你一直坚持读这本书，可能你已经开始想知道健康的关系是怎么样的了。你甚至已经准备好去探索拥有一段健康关系的可能性了。甚至你已经有了一个想要与之建立这种关系的特定对象了。

或许你已经处于一段关系当中，并对关系中的界限及其人际互动是如何发展的，还有如何在这段关系中拥有更健康的自己和界限充满了好奇。

或许你已经气馁，怀疑自己是否还能拥有健康的关系。但你也许仍想进一步探索这个可能性。

无论你的情况属于哪一种，或是处于其他状况，了解下列事关任何关系的发展、维持和乐趣的基本动力，都会有所帮助。

关系中的基本动力

界限有时会跟"问题"一起被提及，如"界限问题"，但我发现，把它描述成在与任何的人、事、物、行为或体验的关系中的基本动力会更加准确和有帮助。

在这些关系中，与任何人在任何时间和地点去设立健康的界限，都是恰当的。当我愿意时，放开界限也是恰当的。

关系中的基本动力通常遵循以下顺序，就如本章最后列出的表 10.3 一样。

需要或喜爱 vs 成瘾或依赖

开始一段关系前，我通常是需要这段关系中的某种成分，或是喜爱它的某些方面。这段关系也许提供了、或确实给予了我某些东西。对关系给我的内在生命带来的东西保持健康的开放，有助于我不对其中的人、事、物依赖或上瘾。但在关系存在的时期，如果我不能维持健康的平衡与开放，可能就会对关系上瘾、依赖或强迫。

拥有健康的界限能够帮我在关系中享受和实现自己的需要，也有助于防止我对其中的人、事、物上瘾或依赖。

关系 vs 无关系

一旦体验过以健康的方式实现我的需要后，如果我想更进一步，便可以选择待在关系的早期阶段中，或以一种有限的方式处在关系中，像下面的"亲密或亲近"中描述的一样。我也可以选择不跟这个人、事、物或行为有任何瓜葛。无论何时，这么做永远都是我的选项。

连接 vs 束缚

假如选择进入一段关系，我便开始了一个健康连接的过程。如果我没有维护健康的界限，忽略了真我及内在生命，最终连接可能会变成束缚——一种依赖共生。我被困其中，成了受害者或牺牲品。在最后一章的结尾处，将对连接有进一步的讨论。

迄今为止，你可能注意到，每种基本动力都跟觉察我们的内在生命、跟界限以及做选择有关。每种基本动力也都有健康和不健康的面向。[1]

---

[1] 在现有的任何关系中，我们常常都需要花一段时间去区分出健康和不健康的部分。无须匆忙，在疗愈过程中，请给自己足够的时间。

它也许展示了另一种形式的对立，在下一种基本动力中会进一步阐释。

相同 vs 差异

当关系持续进展，我下一步可能会面临的是相同与差异之间的动力。在我的关系中我会注意到我们的相同和差异之处。我们之间的异同，对我选择继续维持关系还是随时结束关系是很重要的。

角色、仪式和习惯 vs 自发性与灵活性

最后我会开始注意到，我们每个人都在扮演某些角色以及实行某些仪式和习惯。例如，当我们在一起时，我就是那个开车的，我们每周三会共进晚餐。如果双方对此都感到舒适，而且都有适度的自发性和灵活性，那就是很健康的。这让我们能够在感到舒适的时候转换我们健康的角色、仪式和习惯。

在关系中和每种基本动力中有健康的界限，有助于维护双方或每种特定的基本动力维度之间的健康平衡。

贴近与疏远 vs 互惠

在健康的关系中，每一方在贴近与疏远方面都是平等的。对方联系我、发起沟通、聚会和活动的频率跟我是一样的，这是互惠。

在不太健康的关系中，我可能更多去贴近对方，而对方则经常保持疏远，或相反。你曾经处于这种关系当中吗？你对自己参与的这段关系中的基本动力的意义有什么观察和感受？你在关系里得到了你的所想所需吗？要在关系中得到自己的所想所需，我们要设立健康的界限，而且对此坚定而自信。

边界与限制 vs 融合与卷入

边界与限制是关系中的 12 种基本动力中至关重要的一种。图 10.1 展示了它们与另外 11 种基本动力的重要交互作用。

例如，下文展现了界限和自恋这两个基本动力之间的交互作用。

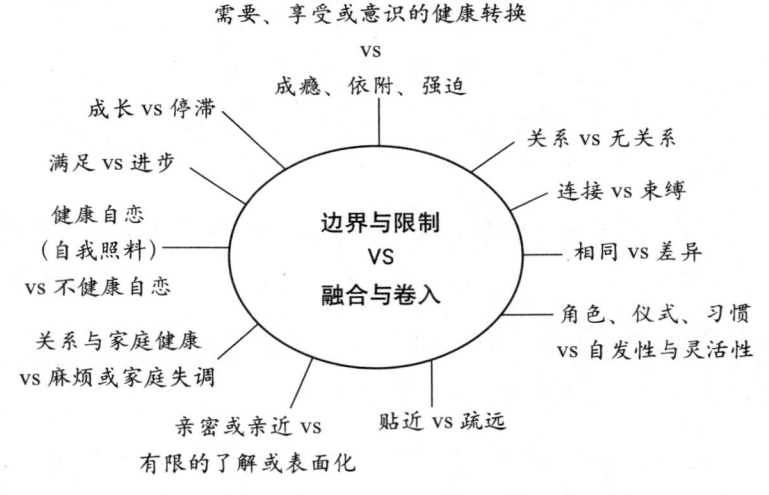

```
                需要、享受或意识的健康转换
                         vs
                  成瘾、依附、强迫

  成长 vs 停滞                          关系 vs 无关系

满足 vs 进步                             连接 vs 束缚

健康自恋           ┌──────────┐         相同 vs 差异
（自我照料）       │ 边界与限制 │
vs 不健康自恋      │    VS    │         角色、仪式、习惯
                   │ 融合与卷入 │         vs 自发性与灵活性
关系与家庭健康     └──────────┘
vs 麻烦或家庭失调
                                       贴近 vs 疏远
         亲密或亲近 vs
         有限的了解或表面化
```

图 10.1 健康与不健康的界限（边界与限制）与关系中的其他基本动力的交互作用

> 奥德丽是个善于照顾和取悦别人的人。她嫁给了马克斯，一个以自我为中心又极端易怒的男人。两人都来自于不健康的家庭，都是受伤的成年儿童。在容忍了 3 年马克斯反反复复的不当行为，包括不让她参与到家庭决策当中，并在她尝试表达对此的需求时暴怒发作等事情之后，奥德丽由此产生挫败和痛苦而寻求治疗。在 6 个月每周一次的个体心理治疗后，她加入了一个以成年儿童为主题的治疗小组。

一年后她意识到，她的挫败不仅来源于马克斯，她也被自己自恋而暴怒的父亲以及自恋且爱羞辱人的上司所卷入。接下来的一年中，她开始通过对这三个人设置界限来更多地关照自己（健康的自恋）。她告诉父亲和马克斯，当他们冲她发火时，她不会理他们。而且她在面对上司时更加坚定自信。她那令人困惑和失望的父亲与她保持了距离。马克斯有了外遇，并勉强地与她一起进行了咨询。在8次咨询之后（其中半数马克斯都没有参加），她决定与他分居——又一个健康的界限。

　　在小组中的进一步治疗让她认识到，她不仅从未在原生家庭中学到健康的界限，而且这个家庭的成员在精神和情绪上都是相互卷入的。为了生存，她不得不发展出一个照顾者角色的假我，这个假我后来被她带入了婚姻和工作中。

　　在4年的疗愈过程之后，她现在能够强烈地感觉到自己的真我。她能够持续自我照料的部分原因是使用了界限来保护自己。在小组治疗期间，她换了一个上司，并在等待5个月后最终离婚。

　　如果我对健康的界限和真我及其需要有着良好的运作和体验的知识，我将会在当下这段特定关系中有意无意地去运用它。如果我没有，我也可以现在开始去学习有关健康界限及如何在关系和生活中建设性地运用它的方法。假如我没有体验过界限或是没用过，我便可能卷入和迷失在关系中。

　　融合或卷入的意思是你我之间的界限很模糊。我不知道边界在我的哪里结束，又在你的哪里开始。

我可能也不清楚哪些情感、欲望、需要和内在生命的其他方面是我的，哪些又是你的。因此我无法作为一个个体（健康个体）与你有健康的关系。我的自我可能会以一种不健康的方式在你或别人那里迷失。我会感到恐惧、被吞噬、窒息、空虚和失落。

还有其他一些类似的措辞可以进一步地描述融合与卷入：过度融入、黏附、如履薄冰、过度包办、控制欲、三角关系、按钮、容忍不当行为、挫败、害怕被抛弃、背负责任、无法拒绝、全或无、压倒、卡住、怨恨、利用、丧失界限、界限过紧、未完成事件和强迫性重复。在这些状态当中，通常都会有某种程度的融合与卷入（本书第13章会进一步讨论融合问题）。

我们学到的，也可以抛弃掉。当疗愈内在小孩时，我认识到了自己模糊的不健康界限、融合和卷入的状态。我注意到了它们。逐渐地，我越来越频繁地意识到我的感受，以及这些和其他不健康界限是如何联系在一起的。

假如我选择停止不必要的伤害，我便可以开始对他人设限。我现在甚至可能会更坚定地明白，健康的界限是维护真我统整性的重要之物。

亲密或亲近 vs 有限的了解和表面化

一旦我对于关系中的你我以及我们各自的要求和需要有了意识，我便可以继续选择与决定：我想跟你有多接近。

亲密关系

我想跟你有亲密的关系吗？我把亲密关系定义为两个人长期真实地彼此相处。他们敢于向对方分享自己的脆弱与真我。当双方都认识并实现了他们的真我时，如他们都疗愈了自己的内在小孩时，亲密关系的运作便最为成功。同时,在亲密关系中存在着冒险与承诺,且经常要面对恐惧,这也会让我们更加完全与深入地了解和体验自己与高我。在亲密关系中我会更经常地放开自己的界限。在其他时候,我会在合适的时候设置和保持健康的界限。

亲近关系

在亲近关系中我会放松我的界限并与你分享,但不会高于亲密关系中的程度。在亲密关系中,我会比在亲近关系中分享自己生活的更多维度,尤其包括我的内在生命。

梅森(1988)在表 10.1 中,描述了关系中的 9 个生命区。我们可以在任意一区体验到亲近,这么做就像是一种亲密体验。但这并非亲密关系。梅森认为,当我们分享了 9 个生命区中的至少 4~5 个,且期待这种关系体验会长期持续时,才能叫作亲密关系。

梅森说道,"大多数人都听过一种传说:我们终将遇到一个能够满足自己所有需要的人。但那会让我们以依赖他人的方式来满足自己。没有任何人能满足我们的所有需要;一个健康的个体是一个能够向很多人分享不同经验的人,而不只是向一个人分享。在生活中我们需要朋友的支持与同行。"

表 10.1 关系中可被分享的生命区(梅森,1988)

1. **社交**——分享群体经验
2. **智力**——分享想法和主意
3. **情绪**——分享情绪

> 4. **生理**——共同工作
>
> 5. **休闲**——分享休闲活动
>
> 6. **审美**——分享艺术与美
>
> 7. **情感**——通过接触、温存或特殊照顾来分享情感
>
> 8. **性**——以前就有过；可深入发展
>
> 9. **精神**——分享灵性体验

本人在另一本正在写作中的关于健康关系中的核心议题的书《分辨的智慧》中，会更详细地描述亲近与亲密关系。

关系与家庭健康 vs 家庭失调

关于界限，我们从原生家庭中学到最多。同样，我们也是在原生家庭中学到最多关于本章描述的基本人际互动模式。我们也从家庭之外，我们的原生社会中习得这些。

大多数功能失调的家庭都展现和教导了不健康的界限。越是不健康、麻烦或功能失调的家庭，其家庭成员越会呈现出扭曲或不健康的界限，包括家中的每个孩子。

> 芭芭拉在一个功能比较失调的家庭中长大，在类似的大多数家庭中，个人界限都是比较融合与卷入的。她母亲吸引注意、同时也是操控他人的方式，就是反复地生病、服药及接受手术。芭芭拉在 31 岁时开始了自己的成年儿童疗愈之旅——在一个医院接待员的帮助下，

她对母亲设了第一个界限。"我既烦躁又压抑。在第三次住院之后，我不得不提早几周出院。除了牵引，神经外科医生还给我做了神经根切断术，切断了我下背部一根受阻的神经，以防止疼痛升级。我的医生备受尊敬，是博蒙特医院的传奇。我母亲也找他治疗，当我正在疗程中时，她也参与进来了。我俩因为这个巧合而哈哈大笑，但我又觉得很古怪。我和她在接待室里坐在一起，她想跟我一起共享这个半专用的房间。桌子后面的工作人员几乎立刻就说'不行'。我一下子放松了。我知道我需要照顾好自己。没人知道会发生什么，我只是觉得此刻我没力气照顾我母亲。"

芭芭拉·哈瑞斯在她的《灵性觉醒与完整之圆》一书中写道，16年来，她持续地在疗愈她的成年儿童状态以及依赖共生问题。疗愈的一个部分便是设置界限，尤其是跟原生家庭的界限。这让她能够与他人建立健康的关系。

健康 vs 不健康的自恋

自恋聚焦于自身以及让自身的要求和需要得到满足。这可以是健康的，也可以是不健康的。当它是健康的时候，我们将之称为健康自恋或自我照料。在不伤害他人的前提下，我们在自己的时间内，以自己的方式照顾自己健康的要求和需要。我们通过健康的界限来达成此事。我们通过设定自身的界限来保证满足自己并且不侵犯别人。

不健康的自恋则聚焦于损人利己。这些损害可能以多种行为和动力显示出来，如表10.2所示。某些这类不健康特征可能偶尔在普通的依赖共生中出现,某些则可能呈现在人格障碍中(如,边缘型人格障碍)和成瘾状态中,大多数则会呈现在自恋型人格障碍人群的心理动力及行为中。由于有这些关联,"自恋"一词常被看作是负面的,即便自我聚焦与自我照料型的自恋也可以是健康的。

不健康自恋的人往往会表现出被我们父母称为"自私"的行为,并教导我们"不要那样做"。然而很多父母并不会教我们如何自我照料。我得先知道如何健康地自我照料,然后才能拥有健康的关系。建立健康的界限便是其中一种方法。

表 10.2 健康与不健康自恋的特征

特征	健康	不健康
出发点	真我	负面的自我
谦逊	有	缺失;自我膨胀
坚持	自我坚持	侵略的
界限	健康	不健康;经常侵入他人的界限
放纵性	自我放松(恰当的)	自私
看待他人	把他人当作拥有独立需求和情感的个体	主要看他人是否有利用价值
责任感	承担合适的个人责任	抱怨他人;逃避个人责任
性格缺陷	承认性格缺陷	倾向于把自己的性格缺陷投射给别人

续表

特征	健康	不健康
对控制的需要	认为平衡比控制更有用，主权比支配更有用	寻求对人、事、物的控制或支配
自我觉察	（对自己的需要和情感）有觉察	要么没有觉察，要么过度敏感
愤怒	恰当地表达	不恰当地爆发愤怒或暴怒／内化愤怒和暴怒
诚实性	倾向于诚实	通常不诚实
同理心	能够感受和表达	缺乏同理心
灵活性	现实与灵活	完美主义
价值观	看重亲密、爱、生产力和创造力	看重权力、金钱、美貌和关注
围绕他们的是	生机	毒物与废弃物

不健康自恋的人经常会侵犯他人的界限。他们很难变成健康的自我照料者，除非经过了足够长期和艰苦的疗愈过程。因此要跟他们建立健康满意的关系即便不是不可能，也是非常困难的。

内容 vs 过程

在任何关系中的沟通、体验和反应中都会涉及内容与过程。内容包括说了什么词句。过程则是沟通的所有其他形式，包括我们的反应、回应、行为及所有其他非言语的沟通形式。就如大多数其他基本动力一样，它们可能会以健康或不健康的方式被运用。

涉及界限时，每一种基本动力以及核心的疗愈议题都会在内容和过程这两方面产生多样的交互作用。例如，界限可能会在核心疗愈议题之一的——"对不当行为的高容忍"这个层次上与之产生内容与过程上的交互。这可以在克莱和莎莉这对夫妻的关系中得到阐述，两人都是成年儿童，并且都有化学品依赖问题。

> 克莱正在进行自己的化学品依赖的完整疗愈进程，但莎莉没有。事实上，尽管法院判定莎莉必须戒除酒精和毒品，并参与疗愈计划，她仍在酗酒。她精神状态严重失调，尽管知道克莱白天要工作以支撑家庭，仍然频繁地在半夜三点打电话给克莱，让他来酒吧或朋友家中接自己，并支付酒水或毒品的账单。克莱的界限过于松散，乃至容忍了她这种行为很多年，接她并帮她付账。他只是偶尔会跟莎莉谈到自己的挫败和受伤感（内容），但他这种不设界限的行为（过程）却抹杀了他所有试图改变的言辞。
>
> 克莱在多次接受团体治疗后，才看清楚发生了什么，以及他的行为不但让莎莉得以持续沉溺于成瘾，也让他自己的疗愈岌岌可危，打乱他的生活。最终他意识到，他最健康的选择是照顾好自己并跟她分开。她搬到了她姐妹家，并继续在成瘾之路上堕落。尽管克莱数次想要回去跟她在一起，但在治疗团体和匿名戒酒会负责人的帮助下，最终仍维持了健康的界限，并在自己的化学品依赖和依赖共生问题上取得了长足的进步。

我选择了克莱和莎莉这个在内容和过程方面非常混乱的极端例子，以便更清晰地阐述这个问题。大多数关系中的内容和过程问题其实是比较寻常和微妙的。由于这种微妙性，去监控你的在内的关系中发生了什么，以及问问你的伴侣是否愿意做同样的事，可能是有益的。的确，因为过程是如此强大，而且大多数时候都发生在头脑里。在任何关系中，无论它是否是一种幻想，经常去检查什么才是真的，什么不是，这对双方都是有益的。这样做或许需要冒险或打开界限，来把特别的主题或关注带出来。

成长 vs 停滞或退行

当疗愈了自己的内在小孩和真我，我们便成长了。以真我生活时，我们便能自由地探索、连接、反思、学习、奋斗、体验、创造、庆祝、享受和存在。健康的界限会保护真我，使之能够呈现并存在，去体验所有这一切，由此我们便不断地成长和进化。

当真我躲藏起来，我们便无法成长。缺乏健康的界限，我们的内在小孩很容易被惊吓或受伤，因此不愿呈现自己。我们会因此停滞或退行，于是便无法感觉自己像个英雄，就像《疗愈内在小孩》第 12 章中说的那样，我们可能更觉得自己像个殉难者或受害者，受困且难过。

发现和使用健康的界限能让真我呈现，让我们变得真实，能够成长和体验平静。

结论

本章简要地描述了关系中重要的基本动力，总结在表 10.3 中。觉察、理解和使用这些，能让关系更加成功和充满乐趣。

表 10.3　关系中的基本动力

1. 需要或喜爱 vs 成瘾或依赖

2. 关系 vs 无关系

3. 连接 vs 束缚

4. 相同 vs 差异

5. 角色、仪式和习惯 vs 自发性与灵活性

6. 贴近与疏远 vs 互惠

7. 边界与限制 vs 融合与卷入

8. 亲密或亲近 vs 有限的了解和表面化

9. 关系与家庭健康 vs 家庭失调

10. 健康 vs 不健康的自恋

11. 满足 vs 变化

12. 成长 vs 停滞或退行

Chapter 11

界限与核心议题——第一部分

核心疗愈议题与界限之间有多种交互作用。当处于未愈状态时，这些核心议题会阻碍我们体验和呈现真我。这最终会阻碍我们跟自己、他人产生健康的关系。

核心议题

任何冲突、担忧或潜在问题都是一个议题，无论是有意识还是无意识层面的。它是我们的未完成事件，或需要采取的行动或改变。核心议题会反复出现。至少有 15 个核心议题：

- 害怕被抛弃。
- 低自尊。
- 控制。
- 信任。
- 真实。
- 情感。
- 依赖。
- 哀悼我们未哀悼的丧失。
- 全或无的想法和行为。
- 对不当行为的高度容忍。
- 对他人过度负责

- 忽视自身的需要。
- 难以解决冲突。
- 难以付出爱。
- 难以接受爱。

如何疗愈

核心议题反映出我们作为健康人类的某些冲突领域。它们以不计其数的形式出现在我们的日常生活中，尤其是在下列领域：

- 关系——与他人、自己和高我之间的各种关系。
- 体验性疗愈工作——贯穿我们的疗愈过程。
- 反馈——由治疗团体成员、治疗师、指导人、朋友和他人给出。
- 从阅读、倾听、反思或修通冲突中获得洞察。

修通一个问题、冲突或议题

用核心议题法来疗愈，能帮助我们给特定的问题或冲突取一个恰当的名字。一旦命名了一个议题，我们便开始能更多地聚焦在自己特定的困难的核心之上。一旦聚焦，就能更少被非核心议题分心，而集中在解决这个议题上。我们可以用大量的体验性技术来解决一个议题。

修通

当我们命名并修通一个核心议题时，最有用的方法是把它分成一系列的阶段和步骤。

1) 识别与命名我特定的烦恼、问题或冲突。
2) 从我强大的内在生命角度去反思它。

3）与可靠的人一起讨论它（即，告诉他们我故事的特定部分）。

4）寻求他们的反馈。

5）命名核心议题。

6）更多地去讨论它。

7）寻求更多反馈。

8）选择一种适当的体验性技术。

9）使用该技术在更深层次上继续处理我的特定冲突和情感。

10）讨论和/或写出更多关于它的内容。

11）为它冥想或祈祷。

12）思考我能从中学到什么。

13）倘若仍嫌不足，重复以上任意步骤。

14）当感到可以的时候，放手。

界限和特定的核心议题

修通任意一个核心议题对我而言都很重要，我可能需要设置健康的界限。设界限后，我才能从那些我分享了体验的可靠的人身上获益。我也需要重复练习这样的分享以及修通我的核心议题（表11.1）。最后，我可能会从专业治疗师和他人那里获取疗愈真我的远程指导。

界限可以被归类为关系的基本动力中的一种。界限通常不会被看作核心议题，而每种基本动力与每个核心议题都会产生各种重要的交互作用。

当修通我最重要的议题时，我会注意到它们之间的重要交互以及我的个人界限。下面给出了15个核心议题中每一议题交互作用的例子。害怕被抛弃可能是这些核心议题中最普遍和最原始的，因此从它开始讨论界限是最适合的。

表 11.1 不同阶段的核心疗愈议题

	疗愈议题	初阶	中阶	高阶	疗愈后
1	哀悼	识别我们的丧失	学习哀悼	哀悼	哀悼当下的丧失
2	真实	识别真我	为真实冒险	实践真实	成为真实
3	忽视自身的需要	认识到我们有需要	识别我们的需要	开始满足自己的需要	满足自己的需要
4	对他人过度负责	识别界限	清晰界限	学习设置界限	有清晰的界限，对自己负责
5	低自尊	确认	分享	肯定	提升自尊
6	控制	确认	开始放下	担负责任	放下的同时也担负责任
7	全或无的想法和行为	确认与承认	学习两者/和选择	变得自由	从全或无的选择中解脱
8	信任	认识到信任的好处	有选择地信任	学习信任可靠的人	恰当地信任
9	情感	确认与承认	体验	使用	观察和使用情感
10	对不当行为的高度容忍	质疑何为恰当与不当	学习何为恰当与不当	学习设置界限	了解何为恰当，若否，则询问可靠的人
11	害怕被抛弃	认识到我们被忽视或抛弃	讨论它	哀悼被抛弃	摆脱对被抛弃的恐惧

续表

	疗愈议题	初阶	中阶	高阶	疗愈后
12	难以解决冲突	识别和冒险	练习表达情感	解决冲突	修通当下的冲突
13/14	难以付出和接受爱	定义爱	实践爱	宽恕和改善	爱自己、他人和高我
15	依赖	识别我们的依赖需求	学习健康的依赖和独立	实践健康的依赖和独立	能够健康依赖和独立

害怕被抛弃

如果我担心你或其他人可能会抛弃我，便会引出一系列关于我们的关系的问题。对被抛弃的本质性恐惧通常会导致我无法在你面前展现真我，以及维持健康的界限。

由于真我是我身上唯一能够了解和设置健康界限的成分，也由于健康的界限维护了真我的统整性，行动者和行动、存在和界限，这两者协同开始疗愈我的每个核心议题。

我们都想要、而且经常会想要、有时甚至是渴望真诚的关系。这种关系可能涵盖了从放松到亲近到亲密的范围。如果我没有安全感，对自己的真我一无所知，也无法以之生活，那别人可能抛弃我的危险也许就会阻止我去设置健康的界限。由此导致以假我为生，且通常伴随着不健康的界限，一系列其他的核心议题就会被激发并加重，包括下述情况。

低自尊、羞耻和其他情感

重要性仅次于害怕被抛弃的一种问题情感就是低自尊和羞耻感。毕竟，如果不是我不够好，甚至是坏人，为什么别人想抛弃我呢？因此当别人离开我时，由于缺乏带有健康界限的健康自我，我会感到过度羞耻，且会感到脆弱，并吸收了别人投射给我的羞耻感，尽管那并不是我的。

缺乏，有时是没有健康的角色模范，以及反复无视和拒绝我的恐惧感、羞耻感和其他痛苦情绪，我最终会变得连一般的情感也难以处理，而这会成为我的核心议题。我要么变得界限过紧，把所有情感都锁在里面；要么变得界限过松，让不属于我的痛苦情感也侵入到我身上。

我最终会变得麻木空虚，对任何事情都没有感觉。

如果经常害怕被别人抛弃，以及常伴低自尊和羞耻感的话，我其他的一些核心议题也很可能会被激活。包括对控制的需要，对不当行为的高度容忍和难以信任，等等。

给他人带去恐惧、羞耻、内疚和伤害，是对他们界限的侵入。同样，当我感到愤怒，我的界限也可能被侵犯了，因此我的感觉正是在告诉我这件事。即便如此，在上述情况和给自己制造不必要的痛苦和感受之间，仍有一条分界线。这两极可能很难平衡，但参与一个长期的疗愈项目会很有帮助。

控制

我可以通过尝试控制你和他人来部分地牵制我的痛苦感受。为达成这一点，我几乎会做任何事，包括操纵、撒谎、背叛甚至放弃真我。操纵是试图间接获取某物，这可能是从我的原生家庭和社群中学到的。在操纵和控制的企图中，界限几乎总是模糊和/或过松或过紧。我侵入你的界限或让你侵入我的界限，以便控制你或其他人、其他事。但除了少数事情，如控制我们的膀胱和大肠，控制通常都是一种幻觉。以这种方式尝试控制生活，通常无论如何都得不到自己想要的。

对不当行为的高度容忍

为了不让你离开我,我更加放开自己的界限,甚至到了你可以虐待我的地步。我会反复允许你虐待我或他人,认为这样你就不会离开我了。

由于已存在的低自尊,我可能无法理解我并不应该这样被对待。我不应该被你以伤害性的不当行为对待。由于我仍未完全知晓自己的真我,界限也很不健康,我让你无度地入侵了我的个人空间。你这样对待我,以及我让你虐待的情形,何时到头呢?

难以信任

由于我很可能是从原生家庭和社群中学到上述这些的,以及被伤害,而且这些伤害可能从早期就开始了,并且可能是很矛盾和无法预测的,那我怎么能学会信任呢?如果这就是我成长环境中的关系类型,我怎么能有别于他们呢?因此我后续产生的关系都有可能是这类不健康的类型。这又会让我变得更加难以信任别人。

> 凯伦是个来自功能失调家庭的40岁的成年儿童。她觉得父亲爱她,然而父亲却和她母亲反复戏弄和拒绝她。她花了一年才能足够信任她的治疗小组,并告诉他们自己儿时遭受的这种反复虐待,包括被父亲性侵。她还经常提及自己会在过度信任(通常是过松的界限)和拒绝信任(界限太紧)之间反复无常。通过这样冒险去向团体和其他可靠的人分享真正的自己及内在生命,她慢慢学会了如何以健康的方式去信任。

信任是核心议题中最基本的一项，因为它几乎与所有其他议题都有紧密的关系。如果在我们生命最重要的领域，我都不能信任你，我们如何能建立关系呢？

如果我不了解也不信任自己和大部分的内在生命，当你或别人虐待我时，我怎么能知道呢？我怎么能设置健康的界限呢？（图 11.1）

信任的一方面是要感到安全。除非对跟你和跟他人在一起感到安全，否则我无法信任你。如果害怕向他人呈现真我，那怎么了解真我呢？健康界限在疗愈和生活中都非常重要，因为它能维护真我的统整性，让其顺利呈现。在所有这些以及更多的方面，界限对于信任是至关重要的。

健康的界限

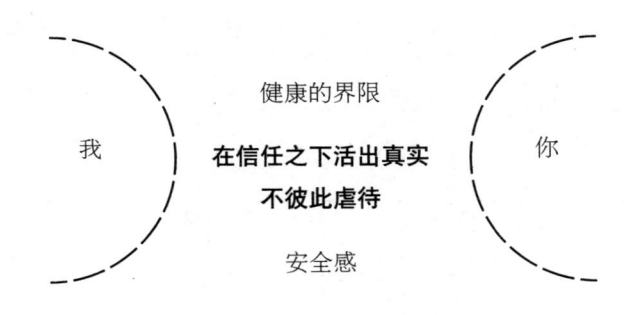

我 **在信任之下活出真实
不彼此虐待** 你

安全感

图 11.1　界限与信任

依赖

如果我信任你，便有助于我与你建立健康依赖的关系。但即便不信任你，我可能仍需要在一个或几个方面依赖你，如财务和陪伴等方面。假如我感到不能或不愿解除我们的关系，我可以用健康的界限来保护自己不受伤害和虐待。

但如果我只是个小孩，不得不完全依赖糟糕的、心烦意乱甚至是有害的父母，如果不放弃我的界限并尝试信任他们，我怎能活下去呢？也因此，由于一系列的创伤，我最终经历和习得了不健康的界限、依赖和独立，还有信任上的困难。

一个自我实现或疗愈的人，在关系中有着健康的平衡依赖，以及内在和外在的健康独立感。在他们的健康依赖经验中，有着恰当的亲近和分享，以及合适的距离与隐私（表 11.2 的灰色区域），他们有健康的界限。

表 11.2　界限的范畴及其与健康、不健康的依赖和独立之间的关系

	不健康的独立	健康的独立	健康的依赖	不健康的依赖
界限	不当的紧张和疏离	恰当的距离和隐私	恰当的亲近和分享	扩散的卷入的融合的
状态描述	隔离的孤立的疏远的	健康的		牺牲品或受害者通常是此类事件发生的促成者
以何为生	假我	真我		假我
依赖共生	是	否		是

相对地，有着对他人不健康依赖的人，通常界限都过于松散，在关系中常会卷入和融合。他们可能觉得自己是牺牲品或受害者，同时也可能是促使牺牲和受害发生的人。一个有着不健康独立的人通常在界限上会过于紧缩，倾向于疏离关系。他们经常感到隔离、孤立和疏远。这两者都以假

我生活，通常会显示出依赖共生的状态。

哀悼

哀悼是体验和疗愈我们的任何伤害、丧失或创伤的一种痛苦但健康的方式。哀悼时，我必须足够了解和信任自己，以便能够体验和释放储藏多年的痛苦。我也需要可靠的人与我同在，倾听我的哀悼。哀悼时我也需要健康的界限：首先，放下，才能让我的哀伤涌现；其次，如果身边有不可靠的人，我可以设限令其不能因此利用或羞辱我。

Chapter 12

界限与核心议题——第二部分

核心议题间的交互作用

在回顾了 15 个核心议题中的半数，并探索了它们当中每一种是如何与界限相关之后，在此暂停，并来看一个实例当中，这些核心议题是如何相互作用的（图 12.1）可能会很有用。我相信，"害怕被抛弃"是最适合用来作为展现一系列交互作用开始的选项，因为它是如此普遍、原始而又强烈。它流经我们生命的许多部分，这一系列的连锁反应会严重侵蚀我们对自己的感受，最终使得我们在大多数时候无法做真实的自己。为了活出真实，我需要界限，而为了拥有健康的界限，我需要活出真实。

疗愈以前，我们会觉得真实很难。当我们不真实的时候，通常会感到空虚和不满足。在疗愈中，我知道填满空虚和体验平和喜悦的唯一方式，就是发现自己的真我。作为疗愈真我的一部分，修通我的核心议题是疗愈进程中的主要因素。

全或无

全或无的想法和行为也是核心议题中最先发生和最原始的问题之一，通常会在疗愈的任何阶段碰到。它限制了我的可能性和选择，因为它认为我在任何关系中只能是"全要或不要"。要么是零，要么是十，没有中间地带。但我有多少时候是要"全部"呢？假如是极少或从不，那又有什么剩下来？空无一物。因此一旦有全或无的心态，我最终可能会毫无选择。

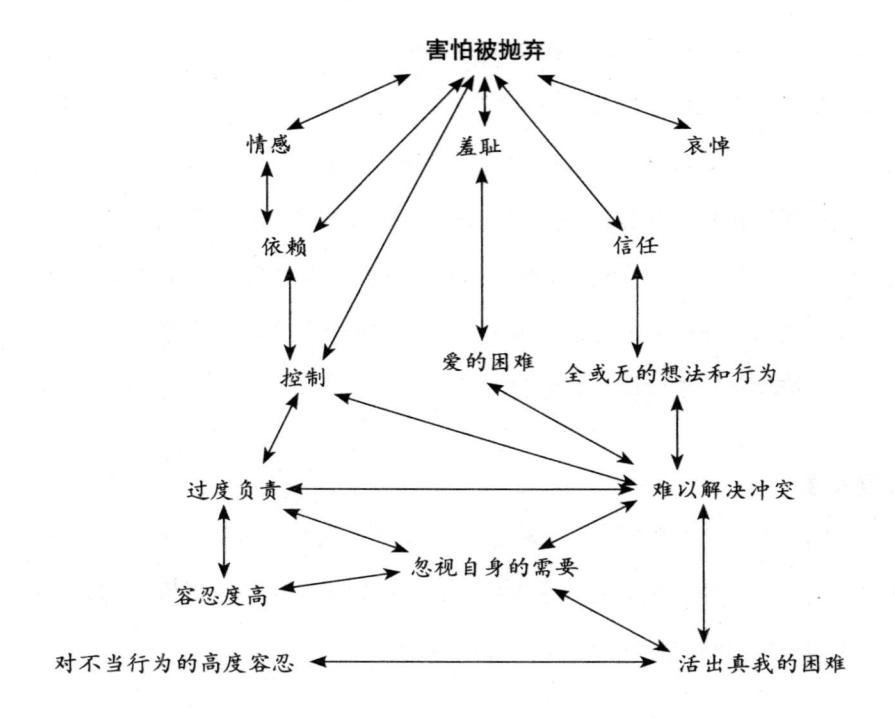

图 12.1　核心疗愈议题之间的相互关系：从害怕被抛弃的视角出发

当我们依附假我生活时，就会被全或无的想法和行为所限。假我只会筑墙，不会设界限。当我开始以真我生活，我便可以设置健康的界限，这能让我拥有生命中更多的选择。我可以选择从零到十中的任何一项，甚至更多。

爱的困难

付出爱和接受爱的困难，是与界限紧密联系的两个核心议题。让我的爱出去，让别人的爱进来，我都必须放松自己的界限。

我自己内部也有爱。但在我发现自己内在的爱（我存在的核心）之前，我先要知道真正的自己是谁（图 12.2）。我必须剥下之前自己所依附的假我之上那一层层紧贴的皮，以及因依附带来的所有痛苦，才能真正了解自己。通过保护真我的统整性，界限让真我能够从藏身之处呈现出来。当我慢慢地在生活和疗愈中修复，我便能体验到本就一直存在于自身之内的爱。然后我将之如阳光般向外播洒，洒向他人。这样做的同时，我也打开了自己的心，接收到了来自他人的滋养之爱。

过度负责

对他人过度负责可能会给我带来一种错觉：我可以做到超出自己实际能力的事情，比如控制他人。它也可能让我错以为自己正在以健康的方式处理我们关系中的冲突。

> 莉儿32岁，是60岁的山姆的女儿。他在经济上一直资助她，因为尽管她很聪明，还有硕士学位，却始终找不到适合自己的工作。只要山姆一直这样替她负责，她就几乎没什么动力去找工作来养活自己。他们之间的关系总是很紧张。
>
> 当山姆开始了自己作为成年儿童的疗愈过程之后，他希望莉儿也参与类似的疗愈项目，但她拒绝了。他在个体和团体治疗中花了3年的时间，才认识到自己的过度负责导致了女儿无法为自己的生活负责。之后他逐渐减少了对她金钱的资助。这让她突然间迅速地和一个大她20岁的男人结了婚。莉儿仍未凭借工作养活自己，而山姆学会了对她设置健康的界限。

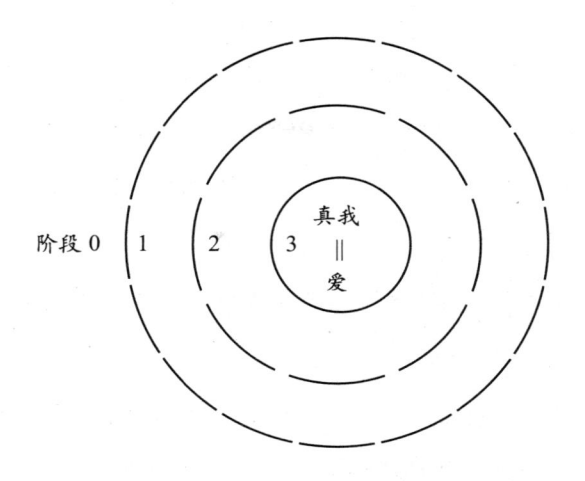

图 12.2　爱是存在的核心

（第 15 章讲解了这几个阶段）

在修通过度负责这个核心议题的过程中，我们首先会发现自己在界限方面存在问题，接下来我们会识别自己的界限，逐渐清晰它们，之后开始学着如何设置健康的界限，正如山姆开始去做的那样。这让我们能够更好地为自己负责，与他人之间有清晰的界限。

在健康关系与对他人过度负责这两者之间，通常会有依赖与独立的微妙平衡。开始处理这种平衡的一种方式就是，对自己和可靠他人真实，并关注和体验自己的内在生命，同时在关系中拥有健康的界限。

过度负责的另一种体现就是企图去改变、拯救或修正别人。我们可以运用上述任何方法去处理其中任何一种企图，也对处于痛苦中的他人充满同情（见第 8 章，对同情与界限的讨论）。

忽视自身的需要

我们每个人都有健康的人类需求，从感觉安全到真实体验，从交流沟通到感到被爱与被接纳。当我忽视了这些需求的满足时，可能会变得压力过大，逐渐被压倒，与真我隔绝开来。当我被外在的人、事、物占据，陷于某一个未解决的核心议题时，便忽视了健康的自我照料的需要，结果便会遭受伤害。

问题的一部分是，在某些领域我的界限过松了。我可能让太多别人的有害的内容侵入了我的界限，有时也可能是我侵入了别人的界限。这些都会导致我忽视自己的健康需要。当我忽视自己的需要时，便不会去设界限。在疗愈中，我学会通过发展健康的界限来部分地满足自己的需要。

难以解决冲突

"难以解决冲突"是疗愈核心议题中最难的一个。因为冲突会让人十分失望和害怕。作为在不健康家庭中长大的成年儿童，我们的界限一直都是模糊的，也从未被教导过要如何处理差异和不同意见带来的冲突。

> 吉姆50岁，是一名牙医，他处理冲突的方式是撤退或逃离。他从自己的原生家庭中习得这一点：每逢他母亲唠唠叨叨导致冲突时，他父亲就会离开家。30多岁时，吉姆使用苯二酚（安定类药物）来处理他的恐惧，并逐渐产生了药物依赖。在疗愈中，他摆脱了药物后，开始学习面对和体验恐惧和冲突，并与可靠的他人分享，包括他的治疗团体、最好的朋友，后来也分享给妻子。在治疗团体中，他学会了不去躲藏和逃跑。在团体、好友和妻子那里，他了解到，当他冒险成为真实的自己并分享他的感受、要求和需要的时候，他们都会支持他。

> 吉姆学会以这些方式处理冲突的部分原因是他有了健康的界限。他对那些不可靠的人设置了界限，发现自己跟团体、好友和妻子在一起时越来越感到安全。他也卸下心防，与这些可靠的人分享了他内在生命许多方面的事情。之后每逢冲突来临时，他都能够修通它们，从而变得更真实、更具创造性，也更享受自己的人生。

设置界限的行动通常伴随着恐惧感和紧张感，因此形成冲突。同样，放松界限也可能带来同样的问题。在这种冲突的极端里，我们可能会突然陷入一种迷茫状态，也就是退行中；更严重时，冲突可能会让我们动弹不得。退行时，几乎总是伴随着当下对我们界限的侵犯，或激发曾经的类似记忆，就像第5章中描述的那样。

难以活出真实

当上述所有核心议题未被疗愈时，很难活出真我。倘若我连自己是谁，以及呈现真实是否足够安全都一无所知，我怎么能活出真我呢？健康的界限是我变得真实、活出真我的一个重要因素。因为界限能够保护真我的统整性。

当我很真实的时候，我在关系和生活中几乎拥有无限的潜力。我对内在生命充分觉察，以健康的方式与他人连接，并疗愈任何我想疗愈的伤痛。我可以体验、学习、成长、庆祝和享受我的人生。

结论

界限与所有核心议题都有交互作用。当疗愈核心议题时，我们也学习了界限：它们是什么、如何设限、如何放下、什么是健康的、什么是不健康的，以及它们何时以何种方式在我们生命中发生作用。

界限与核心议题有交互作用，核心议题相互之间也有交互作用，而且比本章描述的内容要更多。在疗愈的后期，当我成为一个拥有健康界限的健康自己时，我能够辨别与确认我的核心议题和其他未完成事件，而不把它们投射给别人。如此，无论它们何时造访，我都能够拥有更快更彻底地修通它们的自由。

Chapter 13

三角关系

三角关系是三个人之间的一种不健康的关系形式。当两个人之间关系的痛苦变得忍无可忍时，他们中的一人或双方就可能会把第三个人、事、物卷入进来，企图以此减轻痛苦。这就构成了三角关系，如图 13.1 所示。健康的界限会帮助我们避免卷入三角关系及其糟糕的后果。

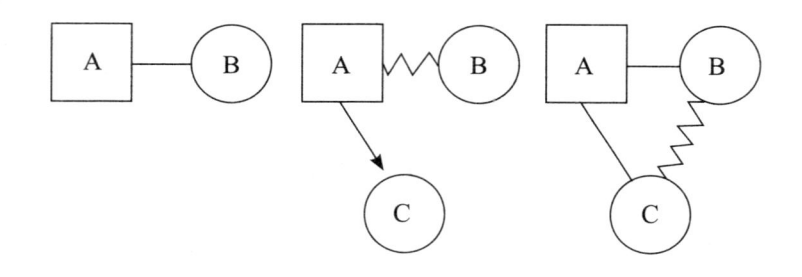

图 13.1　三角关系形成的普遍动力
（克尔和鲍文，1988）

图 13.1 左边的图显示了两者之间平稳的关系——没有人觉得难受到需要引入第三者。中间的图显示了冲突和无法忍受的痛苦发生了。A，那个感到更不舒服的人，也可能是自我实现和疗愈程度更低的人，引入了第三者——C。右边的图显示了结果：大量的冲突和痛苦从原来的两人之间转移到了 B 和 C 的关系当中。

一个例子：母亲、父亲和孩子都很平静。如果母亲和父亲之间有无法解决的冲突，其中一人可能就会把孩子卷入进来，把两人的冲突和痛苦变成与另外两人之间的相互作用。[1] 正如投射性认同中会发生的那样，当一个人逃避去承认和处理他的内在生命问题时，三角关系就会把原本父母应当解决问题的责任带走。最初的冲突跟孩子无关。然而，通过形成三角关系，父母以身教的形式让孩子习得了不健康的界限。他们以强迫孩子承担不属于他的东西的方式伤害了孩子。

与之相对，在健康家庭中，母亲和父亲直接解决他们之间的冲突，即便他们可能要忍受一段时间与之相伴的痛苦感受。通过这么做，他们就以身教的方式给孩子示范了健康的界限，如果孩子表现出担心，在合适的时候就给孩子解释可能会发生什么。

三角关系的概念可以用一句俗语来表示："三人不欢。"它存在于几乎所有的家庭和所有的人类关系中。唯一的问题只是个人生活中类似关系的数量、强度和组成如何而已。

在包含了学习设置界限的疗愈过程中，我们可以逐渐发现如何识别和脱离，以及避免卷入到三角关系中去。在疗愈的更高阶段，在旧有三角关系中的三个人达成了自我实现和分化，可能还会有更大的机会将旧关系演变成健康的三人关系。

三人关系

三人关系指的是三个健康的两两关系（表13.1）。每个成员都以真我生活，因此是真诚和自发的。由于它是个开放的系统，在三人之间有着灵

---

[1]. 以这种方式卷入孩子，也可能发生在父母双方都参与的情况，通常是一种无意识的共谋。

活的流动，在两两之间有着亲近甚至亲密的体验。每个人对自己内在生命的觉察程度越来越高，界限也越趋健康。事实上，是健康的界限帮助维持了三人关系的完整，部分是因为它帮助了两人关系的完整。

尽管如此，绝大部分三角关系都无法转化成三人关系。因为，三角关系中的每个人都参与疗愈项目，并在比较一致的时间内取得同样的进度，是非常罕见的。即便这样，三个人中若有一人或两人疗愈了，三角互动的频率及其有害的后果就会大幅减少。

三角关系与融合

三角关系是一种不健康的三向关系。大多数时候每个成员都以假我存在，几乎没有自发性。这是个封闭的系统，有固定、僵化或相互配合的运动。成员之间可能会呈现表面化的亲近，实际上只是一种融合。在融合中，一个人与另一个人重叠，于是在自我认同或自我分化方面是模糊不清的。

表 13.1　三角关系与三人关系：一些分化的特征

	三人关系	三角关系
状态	健康	不健康
定义	三个健康的两两关系互动	不健康的三向关系
每个成员对内在生命的觉察	高觉察	低或无觉察
每个成员的意识	大多是真我	大多是假我
系统	开放	封闭
自发性	大多数时候存在	通常缺失
运作	灵活	固定、僵硬或相互配合
互动	亲近	融合
界限	健康	不健康

重叠部分通常是两个人的内在生命和行为方面。很难区分是自己的还是另一人的，也不知道两者的边界在哪里。我们通常都是从原生家庭中习得融合的。

从其他的人、事、物身上寻求完整和满足，这个不可能的目标会让人：

- 尝试以全或无的方式与他人融合，去获取自我实现（我是对的，你是错的；或你是对的，我是错的）。
- 或两个人企图合二为一（我们永远一致）。
- 或一个人为另一个人失去自己（我只为你而生）。
- 或一个人总是追而另一个人总是逃，关系中很少或没有亲密。

当他们发生冲突，情绪紧张到任何一方无法忍受时，其中一人或两人都会拉进第三人来减轻压力。在三角关系中，每个成员的自我觉察都很弱甚至没有，界限也是不健康的。不健康的界限阻碍了避免三角关系的自治感和个体感，且促进和维持了融合。每个人都没有可以觉察并做出合适行动的真我，部分是因为他们没有用以保护真我统整性的健康界限。

三角关系的起源

三角关系的目的是让处于瓦解危险的两人关系得以保持稳定。如果两人都被第三个人、物、问题或幻想所吸引或分心，他们就能避免面对两人间真实的、充满威胁的或可怕的问题。最终，三角关系帮助避免了改变自己和问题中自己的部分。与之相比，两个以健康的方式共享兴趣和活动或修通冲突的人，则能够滋养和丰富他们的关系。

三角关系是从我们原生家庭的内部和外部习得的。它是家庭成员创伤、未疗愈或未分化的产物。在一组特定人群中，人们的疗愈程度越低，三角关系用以保持情绪稳定的重要性就越凸显。如果有相对的平静，即便是在一个创伤严重和未分化的家庭中，三角关系中的三者也会在一段时间内呈现出情绪独立的个体状态。由于变化和压力导致了恐惧和其他痛苦感受，这些又倾向于激活三角关系的动力。在一个分化良好的系统里，比如三人关系，成员们可以维持情绪的独立和自治性，即便他们处于高度的压力中。如果人们能够维持情绪的自治，在健康的界限中以真我运作，三角关系就会最小化，系统的稳定性也不再依赖于它。

三角关系通常很复杂

稳定性

三角关系并非是简单的机制，通常有着复杂的交互作用。它既有个人（心灵内部的）的又有关系（系统的）的起源、动力、体验和意义。例如，两人关系的稳定性会被第三人的加入或退出所影响，这取决于这两人当下的关系是否稳定（表 13.2）。这些三角关系在稳定或不稳定的关系中呈现的例子，展现了许多被掩盖的可能性。

表 13.2　关系的稳定性会被第三人的加入或退出改变
（编自克尔和鲍文，1988）

两人关系	导致不稳定的因素	例子
稳定	第三人加入	一段和谐的婚姻中，孩子出生
	第三人退出	孩子离家后，夫妻由于不能再将孩子卷入三角关系中而冲突更甚

续表

两人关系	带来稳定的因素	例子
不稳定	第三人加入	一段冲突的婚姻中，孩子出生
	第三人退出	两个人避开了一个总是一边倒，让伴侣之间的冲突激化的人

注意，尽管如此，"稳定"并不一定意味着健康，"不稳定"同样不一定就不健康。还要注意，融合或卷入的关系同样随时会失去稳定，因为它通常不是由两个有着健康界限的已经疗愈或个体化的人组成的。

症状和后果

三角关系的复杂性还体现在它们的症状，通常也是它们的后果。可能包括如下：

1. 造成伤害的最初的、未解决的冲突和痛苦会把人们拖进三角关系当中。未能识别并活出真我并伴有能够维护其统整性的健康界限，可能很难避免卷入这种程度的三角关系。这种创伤通常来自三角关系极其普遍的功能失调的原生家庭和社群。大多数人都在成长中习得了三角关系，而非健康的两人或三人关系。

2. 这种原生创伤便导致了一个失落、受伤的自己。这会通过反复在生理、精神、情绪或心灵层面生病显示出来。因为真我为了存活只能躲藏起来，我们只得依赖假我生存。不能以真我生活，我们便落在假我的虚妄中，它总是制造失调的关系，包括频繁卷入三角关系中去。

3. 不健康的界限既是卷入三角关系的基础，又是其呈现。缺乏健康的界限，无法维护真我，从而无法保证远离不健康的关系，包括三角关系。

4. 内在和外在的困惑、痛苦和混乱，通常伴随着一些过渡期的麻木和偶尔的平静。要降低这种混乱和痛苦的频率和强度，以及提升关系的运作，需要经过长期疗愈过程的修通。

5. 强迫性重复也可能是卷入三角关系的一个症状和后果。事实上，周期性地卷入三角关系本身就是一种强迫性重复。强迫性重复总是让同样的错误一次又一次地发生。

6. 替罪羊指的是在三角关系中那个被看作是受害者或问题的人、事或物。但从深层看来，其实三个成员同时都是受害者、问题和潜在的解决方案。

正如福格蒂所说："父母会通过把关注点放在儿子身上来避免冲突，这是三角关系的一部分。母子通过面对一个共同的敌人——父亲，来回避他俩之间过度亲密的困难。父子间接通过母亲来回避他俩之间疏远的问题。此处并没有施害者或受害者……三角关系中的每个人都同等参与了三角关系的延续，没有他们的合作，三角关系也无法持续存在。"

尽管如此，有两个受伤且功能失调的父母，年幼的孩子无法抵御他们的破坏，毫发无损地置身事外。父母在他幼小时期便将其三角化，侵入他的界限并破坏了其真我，由此给孩子造成了伤害。在孩子的后半生、成人期，他必须为自己的疗愈承担责任，部分地包括了解这些动力，然后体验性地修通它们带来的痛苦。

7. 在一段关系中回避亲近与亲密，既是三角关系的原因，也是其结果。我可以利用健康的界限来帮助避免三角关系，这样当我与同伴互动时就能集中在我内在的需要和愿望上。这样做可以促进亲近和亲密。

8. 其他症状和后果，包括制造连锁的三角关系。

连锁三角关系

当痛苦不足以被一个三角关系容纳时,便会溢出另一个或多个三角关系,这就是连锁三角关系。在一个平静的家庭中,一个中心三角关系能够容纳其绝大部分的痛苦情绪。但在压力之下,这种痛苦会波及其他的家庭三角关系,甚至家庭之外的工作和社会三角关系。图 13.2 展示了这个过程。

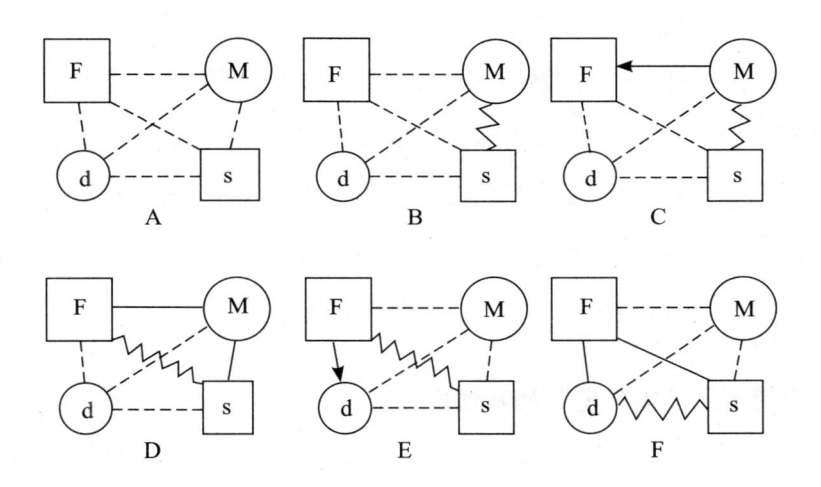

图 13.2 家庭图解 [这个家由父(F)、母(M)、姐(d)、弟(s)组成]
A. 所有的三角关系都不活跃。　　B. 母子间的张力开始增加。
C. 父亲被母子间的张力三角化。　　D. 张力转移到父子关系中。
E. 母亲退出最初的三角关系,同时女儿卷入了父子张力的三角关系。
F. 姐弟间的冲突爆发,最初那个三角关系中的张力溢出到了另一个三角关系里。
(改编自克尔和鲍文,1988)

成员角色

痛苦"引发者"

除了上文提到的替罪羊和受害者角色外,三角关系中通常还有一个倾向于创造、维持和让所有人受困于三角关系的角色。例如，某些成员的行为会给自己和他人制造痛苦情绪，可称之为痛苦"引发者"。这个"引发者"或"迫害者"会设定许多成员的情绪基调，让他们心烦，也可能是对潜在问题第一个感到心烦的人，尽管他们可能并非痛苦的肇事者。

痛苦"放大者"和"抑制者"

第二个角色是痛苦"放大者"，他们遇到不属于自己的痛苦，但无法在冲突中保持冷静，也不能置身事外时，便会增加麻烦。第三个角色是"抑制者"，他们用情绪疏远的方式来控制自己对别人行为的反应。在更大的压力下，这种人会对他人过度负责，以便让事情冷却下来。表面上，"抑制者"似乎减少了三角关系的某些症状或后果，实际却强化了三角关系的发生和持续存在。我们也把这个角色叫作"拯救者"。

"虐待者""促成者"和其他角色

其他角色也影响着三角关系的动力，这包括"虐待者"的角色，如痛苦的引发者或迫害者，功能最失调和最具威胁性的那个人，等等。另一个是"促成者"，他常常会无意识或偶尔有意识地促成那个功能失调者的破坏性行为。这种促成包括反复尝试去拯救或修正那个功能失调者。还有其他角色，例如被克鲁斯和布莱克描述为家庭英雄的人（承担责任或成功的那个人）、替罪羊（失职者、施为者或困扰者）、迷失的孩子（调停者或保持沉默的那个人）、家庭吉祥物或宠物（小公主、爸爸的小姑娘或妈妈的小伙子）。每一个角色都会往紧张僵化的三角关系成员身上增加自己失调的部分。

依赖共生的伪装

由于大多数经常卷入三角关系的人通常也符合对依赖共生者的描述，三角关系中的任一成员也可能会扮演依赖共生的伪装角色。除了上述那些角色，这里还包括取悦者、过度成就者、有缺陷者或失败者、完美主义者、受害者、殉道者、成瘾者、强迫者、夸大者和自私或自恋者。

每个角色、伪装或特质都会给三角关系成员的行动带来不同的方面。在疗愈中，个体会选择最不喜欢的特征，将之转化为健康的形式。例如，殉道者或受害者会学到如何对自己的内在生命更加敏感，并为自己生活的成功负责，这包括学习设置健康的界限。

任何三个人都有可能形成三角关系。哪怕只是再加一个人，就会出现四个可能的三角关系。再加一个，变为五人，可能就会出现八个三角关系。通过上述所有的例子，以及本章谈及的这些动力，我们会看到三角关系的普遍性、蔓延性和破坏性。

有什么办法走出来吗？

Chapter 14

去三角化：避免和摆脱三角关系

三角关系非常普遍，要避免和摆脱它们并非易事。我们可以采取一些行动避免三角关系，包括：

1）实现健康的自己。

2）自发地、个性化或自我实现地生活。

3）拥有健康的界限。

4）当三角关系发生或即将发生时，对其有所觉察。

5）学习和发展去三角化的技巧。

6）活出真实、活出创造性和情绪自治。

7）采取行动来避免或摆脱三角关系。

在这个过程中，贯穿始终的就是，首先为自己卷入和摆脱三角关系负起责任，同时承认三角关系中两两关系里属于自己的所有内在生命因素。

三角关系并非简单的机械事件，它们通常包含了个体（心灵内部的）和关系（系统的）的起源、动力、体验和意义。上一章描述了三角关系中的一些重要关系问题，本章还会涵盖更多。鉴于有关三角关系的文献极少，在此将会阐述其个体或心灵的方面。

运用个体资源去三角化

在第6、7、8章中回顾了个体或心灵内部元素，这部分常被称为"未完成事件"，它会妨碍我们成为健康的自己。探索、承认和修通自己的部分，如疗愈我的未完成事件，能够增强健康的自己。这些原则对于摆脱三角关系也很有用，无论是旧有的还是新发生的。

从这个角度，可以通过以下三人来阐述一个三角关系：我（在图 14.1 中以 M 代表）、与我冲突的人（C）和希望能帮忙的人（WH）。第三个人是我无意识地将其卷入、希望他能帮忙释放冲突中的张力的。

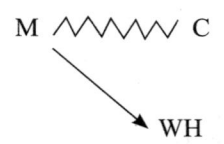

```
M ∧∧∧∧∧ C
       ↓
       WH
```

图 14.1　我的内在三角关系

一旦卷入这种三角关系，我可以通过探索这三个人可能分别代表了我内心深处的什么部分来帮助自己。这样做的话，我会发现作为三角关系的一部分，内在自我其实有着二元对立的冲突。三角关系中的另外两人分别代表了这个特定对立的两极（表 14.1）。例如，与我冲突的那个人（C）可能会让我想起曾经不让我实现自己愿望的"坏"爸爸或妈妈。我希望能帮我的那个人（WH）可能让我想起那个帮我实现我的愿望的"好"爸爸或妈妈。

换句话说，我通过当下的冲突进入了自己的过去，去梳理曾经的部分创伤。我可以通过任何体验性技术去做，比如将我的经历讲述给可靠他人、写日记，或是在个体或团体治疗中修通冲突（也称作移情）。《给自己的礼物》的第 17、18 章中描述过一部分。在这个过程里，也可以使用本书的表 8.1 来修通冲突。

当我修通被卡住的某个三角关系时，便可以考虑用内在生命的另外一些层面来帮我去三角化。这可能包括（表14.1）：

- 我的投射。我的未完成事件中的哪些部分可能被我投射到另外两人身上了？
- 强迫性重复。我是否总在制造这些三角关系？
- 我对身处三角关系的觉察。
- 我对去三角化的努力。
- 为修通这些冲突，我必须负起的责任。

表14.1　三角关系的成员反映出的个体或心灵内部的角色和动力

三角关系的成员	我（M）	与我冲突的人（C）	我希望得到帮助的人（WH）
心灵内的代表	内心的二元冲突，无论是有意识还是无意识的	可能让我想起我的"坏"父母等人	可能让我想起我的"好"父母等人
投射	我将部分未疗愈的内在生命投射到了另外两人身上	我将更多未疗愈的内在生命投射到这个人身上	我将更少痛苦的部分投射给此人
强迫性重复	我总是制造三角关系	……以便能够修通此人所代表的内心冲突	……或此人所代表的冲突，或两者都是
疗愈前的觉察和工作	我通常觉察不到大多数的冲突	此人可能无疗愈/疗愈&有觉察	都没有

续表

三角关系的成员	我（M）	与我冲突的人（C）	我希望得到帮助的人（WH）
需要帮助	我必须发现或记得我是要去修通冲突的那个人	我想从此人身上得到一些东西，尽管得不到	我直接或间接地向此人求助
疗愈时的觉察和工作	我的工作是去修通我的内在三角关系的冲突	提供冲突	可能会对解决冲突有帮助，也可能不会，也可能会激化冲突
感到安全	我从内在生命中寻找安全感	我感到此人不安全	我此时感觉跟此人在一起比较安全
与核心议题的联系（例子）	情感 害怕被抛弃 对控制的需要 全或无的想法和行为 对不当行为的高度容忍	他们可能拥有同样或类似的核心议题	他们可能拥有同样或类似的核心议题，加上可能是过度负责型
去三角化	保持真实和客观 修通我的情感 设置健康的界限 能够从三角关系之外得到安全和有技巧的帮助	跟疗愈中（上述）或疗愈后（下述）内容一样	跟疗愈中（上述）或疗愈后（下述）内容一样
疗愈后	我疗愈了大多数的冲突	将来我会对这类人设置健康的界限	我（或我们）会选择可靠的人并保持健康的界限，更加具体地表达我想从他们身上得到什么（如，只是倾听、给予反馈，等等）
健康的三人关系	我继续提升自己，设置健康的界限	我避免靠近有害的人	跟（M）和（C）的内容一样

我也会考虑进入内在生命是否安全。一开始我可能对自己内在的特定方面非常陌生，如我的情感、要求和需要，所以探索时会感觉不舒服。而在冲突时忍受任何痛苦情绪或跟它们共处，总是不舒服的。因此疗愈的一个主要部分便是学习在修通冲突时如何容受情绪痛苦，因为它们可能会出现在每天的生活里。

当我在认知和体验两方面都能将当下的冲突与过去未疗愈的冲突联系起来时，我便可以自如地哀悼，由此释放掉原生创伤的痛苦能量。这样做能帮我逐渐从三角关系中脱离出来。

使用界限

去三角化的一个主要手段就是设置健康的界限。当我和某人处于冲突状态时，我设了界限，这样就不必卷入第三人。如果对方企图带入第三人，我同样可以通过维护界限来跟他们保持距离。对上述这些至关重要的是，拥有一个健康和自治的自我，也就是能够尽可能完整地觉察并以真我生活。有健康的自我，才能有健康的界限，才能让我自如地集中在修通与对方的冲突这件事上。

如果我发现自己卷入了另外两人的三角关系中，我同样可以设界限。作为相对的外人，如果没有对自己的健康意识或自尊，我可能会感到需要通过接近他们以及加入他们的冲突来填补自己的空虚。但这也恰是一个能够维持情绪自治，修通自己问题的时机，比如，我现在可能感觉自己像个外人。克尔和鲍文提到："三个人哪怕在一起很短的时间，也会倾向于形成二人局内一人局外的情境。分化良好（疗愈、自我实现）的人作为局外人时不会去联盟，他们的情绪安全感也不依赖于自己是否是局内人之一。"

利用角色和动力去三角化

尤腾使用迫害者、受害者和拯救者等角色，描述了三角关系的下列动力。对此保持警惕能帮我们避免它们。成为真我和拥有健康的界限是去三角化的基础。

1）三角关系通常始于我的不真诚。

a. 如果对某人不诚实，无论是在信息、情感或体验方面，我都会立即进入三角关系。

b. 墨守成规也会将我推入三角关系。疗愈的一个重要部分就是在学会如何区分我真正的要求和需要的、我"应该需要"的、别人认为我需要的事物之后，学习如何满足自己的愿望和需要。

2）在三角关系中很受伤。所有成员都痛苦。

3）三角关系中没有个人力量。无论我扮演什么角色，我都是在缺乏诚实和没有个人力量的情况下操作的。

4）大多数人最初都会有一个最喜欢的起始角色或位置，通常是拯救者或受害者。几乎没有人一开始就选择当迫害者。

5）无论喜欢与否，一旦卷入三角关系，大多数人最终都会扮演所有三种角色。例如，我可能以为自己是一个拯救者，结果却成为别人的受害者，同时有人认为我是他们的迫害者。

6）内疚和其他痛苦情感会把我勾入三角关系中。

a. 感到内疚，是有人想把我拉进三角关系的一个信号。

b. 为了避免卷入三角关系，我可以允许自己有内疚感，同时不付诸行动。换句话说，我不让内疚把自己推入任何角色中。

c. 由此，我学会了与不舒服和内疚共处。

d. 其他痛苦感受，比如恐惧、羞耻和愤怒，同样可能把我勾入三角关系中。我也一一去修通。

7) 三角关系中的"安全舱"通常位于迫害者位置上。变得真实、叙述真实和感受自己的情感，会打开三角关系中的安全舱。为了离开及避免三角关系，我不得不预期另外两人会把我当成那个坏人。这不意味着我是坏人，但别人会选择那样去看待我。如果我不愿让别人那样看我，很可能就会被勾入三角关系中，成为拯救者的角色。如果我已经身处三角关系，并想要出来，我可能不得不接受另外两人会将我看作坏人或迫害者这一事实。

在离开三角关系的过程中，我开始对内在生命有更多的觉察，包括我的情感、要求和需要，以及我在三角关系中的动力。敞开自己，成为拥有健康界限的真我，我愿意体验我的情感，让他人体验他们的情感，而不是去拯救他们。如果三角关系中的他人愿意去体验他们的情感，以及讲述他们的真实，三角关系就可能瓦解。假如他们如同大多数情况那样不这么做，那我可能就会给他们留下坏人的印象。

8) 我可能会自行制造三角关系。在一个功能失调的家庭中长大，我可能不需要别人把我推进三角关系中。

a. 自行制造三角关系，这种情况通常发生在当我脑海中回荡着一个催促的负面声音，不停地贬低我，老是让我做这做那时。这种回荡的声音通常来自功能失调的原生家庭和社群。这个"应该"就是我的假我。

b. 记住，"应该"不是真相。它们跟我是谁、别人是谁或健康关系如何运作毫无关系。它们是其他人对于做什么或何为"好"或"坏"的解释。

c. 当我上演与自己的三角关系时，我的"应该"就会迫害我，让我觉得自己像个受害者。同时，我会感到内疚、恐惧、羞耻和／或愤怒。这些都会激发我认为自己是迫害者的信念，驱使我去拯救别人（或其他情形），甚至我脑海里那个过去的声音也是企图操纵我进入拯救者位置的对象。

9）当我与某个活在三角关系中的人来往时，我必须对被卷入保持警觉。身边存在持续处于三角关系中的人，很难让自己不被卷入，尤其是当我的界限并不清晰，也不知道如何识别三角关系时。

10）当三角关系的另外两人企图将我卷入时，我内化的"应该"的声音也是可能将我推入其中的肇事者。作为假我，那个"应该"是存在于我内心、存储着我所错误地信任的过去的声音的东西。它是负面、刻板、控制、吹毛求疵和自以为是的。脱离这个假我，我就很可能不会参与三角关系。

11）三角关系中是没有生机的。那是某种程度的行尸走肉。那是一种虚伪的、痛苦的、缺乏接纳和爱的生活。

12）活得真实，带着健康的界限讲述真相和体验自己的情感，是离开三角关系的一种方法。这样做，我必须了解和定义自己的界限，为识别、体验和完成我生命中发生的事而负责——跟可靠的人一起，有时与不可靠的人一起。

我们可以考虑和探索，是否可以应用这些原则中的某些去体验三角关系中的其他角色。

关系

即便有了上述信息，我也无须通过停止或切断与三角关系中另外两人的关系来去三角化。事实上，如果我愿意，我仍能以一种健康的方式与其中一人或两人保持连接。以健康的方式连接包括，与每个人单独建立关系、在每段关系中拥有自身整合与独特的特性，而非与其中一人联盟去对抗另一人。通过拥有健康的自我与健康的界限，我可以更好地辨认出哪些内容是我的，哪些不是，不卷入到他们的冲突中去。与他人保持情感连接，同时仍旧保有自身情感的自治和正常运作，正是分化概念的核心。[1]

我们可能会跟家庭成员、朋友、熟人、上司或主管、同事和同伴、老师、配偶、爱人或其他人卷入三角关系。或许最常见的情形就是，我已经身处与另外两者的关系当中，而其中两者发生了冲突。那时我们中的任何一个人都可能会把第三者三角化到我们的冲突中，或第三者主动进入。第三者可能不一定是个人，也可以是一只宠物、一个念头、一种思想、一个目标、一个地方、一件物品、一种行为、一个团体或其他东西。

对其他动力保持警惕

三角关系中还有另外四种可能会发生的动力：力量不均、角色反转、进退两难和秘密。每种动力或几种动力的联合都会将我们拉进三角关系或令我们走不出来。了解它们可以预防这类情况发生。

---

1. 鲍文及其同事把"分化"作为他们的理论与实践的主要概念，但他从未充分解释过这个术语。他说过分化不良的人群拥有更高比例的生活问题，如心理或情绪疾病、社会适应不良与失败。分化良好人群的思考和情感功能更加分化和自治，他们的生活问题更少，获得更多的成功，有更多的精力投入自己的生命课题，关系也更加自在和亲密。从其他事物中分化的基本水平是，其功能运作并不依赖于关系中的情绪驱动过程。尽管他最初希望人口当中分化不良和分化良好的人群分布大致是相等的，但最终的结论是，大约90%的人是在50分以下（百分制），只有约10%的人是分化良好的。我对鲍文的"分化良好"描述的感觉是，它跟"自我实现"的概念类似，也接近于我们所称的高阶疗愈第二阶段（参考本书第15章）。

力量不均

在力量不均中，一个或两个成员可能拥有比另外的成员更大的力量，这种力量会对每个人或三人的关系造成破坏。例如，父母的力量比孩子大，孩子无法抵抗父母的恣意妄为。在这种力量不均之下，除非父母本身是健康和疗愈的，否则三者很难形成健康的三人关系。或是一个上司和两个下属，当他们三角化后，上司显然会影响他们的关系以及三角关系。当然，孩子和下属也有他们自己形式的力量，这会在三角关系中形成更多的变奏曲。

当我们疗愈后，我们会知道存在着不同种类的力量。从最原始到最有效、复杂的范围来看，物质力量是最低端的，也可能包括了财务影响。下一种力量是操纵（通过操纵间接达到目的），接下来是说服，然后是坚持。这些力量都会被上述父母和上司所使用，在某种程度上，甚至会被孩子和下属使用。这些是最低层次的力量。

取决于不同环境，还存在更有效的力量，包括待机（道家的无为），还有接纳，以及放下。当我真正放下对自己有害或不属于自己的东西，我便不再为之苛责自己，由此便能让自己自由，去体验更加成功和充满乐趣的人生。继续向高级力量看，下一个更有力量的是智慧，然后是慈悲，以及最终最强大的无条件的爱。

这些多种多样的力量，从最原始和明显的到最复杂和有效的，都可以在不同的时候用于脱离三角关系，或是可预期地避免进入三角关系。引入这些，我们就是在召唤和使用自己的个人力量。我们通过不断增长的觉知过程和为自己的幸福负起责任来收回自己的个人力量：力量＝觉知＋责任。而这种力量部分来自于设置健康的界限。

角色反转

在角色反转中，关系中的某人承担了不属于他的、别人的角色。当孩子得长期照顾父亲的需要，反转就发生了。妻子与丈夫缺乏健康的亲密关系，便会跟孩子结盟。孩子成了父母的照顾者，父母将自身的需要置于孩子的需要之上。然而父母仍未放弃控制——以自恋和操纵的方式将孩子作为对抗配偶的手段。

即使孩子已经无法做孩子，仍会感到自己是被选中的、特别的，有时被称作"爸爸的小甜心"，而且总是要显得很"乖"。这些状况当中，哪些制造和维持了三角关系？父亲的自恋？母亲的疏离？父母的创伤？或许所有这些全是，正如我在之前提到的无意识共谋法则一样。

当女孩长大，三角关系给她人生带来的消极后果就会变得愈发明显。当她无法照顾父亲时会变得"抑郁"，她不了解自己的真我，在许多关系中都会过度负责，也无法发展健康的双人或三人关系。

要从这样的三角关系中脱身，需要很长的过程，我（作者）将其称为疗愈的第二阶段。这个疗愈至关重要的部分包括：命名在她身上发生的事（如虐待、三角化、角色反转和丧失自我），然后体验她的真我，包括拥有健康的界限。

进退两难

在进退两难的境况中，个体没有任何安全健康之处可去。做和不做都一样糟糕。在上述家庭三角关系中的孩子就处于这种境况。如果她继续牺牲自己来成全父亲，她就会丧失自我；但如果为自己的需要发声，她那自恋且永不满足的父亲便会羞辱她，母亲也可能会令她感到内疚。她被困住，无法自拔。当她成年后，了解了这些及其动力后，会对她完全的疗愈很有益。

进退两难的情况通常源于家庭或其他孩子无法离开也无法在认知和情绪上形成解决方案的一些环境中。当孩子长大成人，他们会继续接受并通过强迫性重复来继续制造这种没有安全感的替代性解决方案的情境。

三角关系中进退两难的情况很常见，且其中总是包含着威胁的暗示。身陷其中的人通常会通过不恰当地放开自己的界限和妥协自身的需要来放弃自己。由于大多数经常深陷三角关系的人通常都未疗愈到足以识别他们身处三角关系且觉知如何脱身的程度，处理这种情况就变得很困难。寻求一个可靠、专业的治疗师的帮助会是一个起点。

秘密

三角关系中的另一动力是存在一个或多个秘密。一个或两个成员可能有着会影响三角关系的秘密。这有时甚至可以作为"力量"来存在。但秘密通常会对个人与关系产生破坏作用。

秘密是某些不能告诉别人的事，或是某些必须彼此保密的重大事件。有两种类型的秘密：健康的和有害的。保守有害的秘密会毁掉自己和他人。它会降低我们的自尊、增加内疚、阻碍我们哀悼伤害与丧失的能力（这可能是秘密的一部分），并削弱我们的免疫系统。简言之，它会阻碍我们获得平静。

健康的秘密是个人隐私等秘密。我们保守这种秘密并不会给自己或他人带来伤害。相反地，如果我们保守有害的秘密，或别人不把一个重要的秘密告知给我们，我们就可能会受害。重点不是我们现在就要去把自己所有的，甚至别人的秘密都公之于众。对去三角化最有用和最治愈的方式：一是我们去了解哪些之前自己不知道的重要秘密；二是我们将这些可能会伤害到自己或其他不知情者的秘密告诉一个可靠的人（参考《给自己的礼物》第 13 章，围绕秘密的体验练习）。

秘密会制造三角关系。在界限侵害的情形中，关键的内容和行为（即秘密）会被隐瞒。这种对信息的截留会给保密人带来关系中不公平的优势。保有秘密的那个人会有一种比另外两人更有"力量"的错觉。如果他告知其中一人（共谋者），但不告诉第三个人（局外人），他便是通过这种行为制造了三角关系。在界限侵犯中，秘密可能是将三角关系中的一人或两人分隔开来，同时装作还在为共同利益努力的样子，也可能是假意加入那两个知道局外人秘密的人。

保密对三角关系中的所有人都有害，因为它破坏了信任，隐瞒了他人需要知道的信息，且腐蚀了关系。因为保密者经常将秘密付诸行动，而非以真我示人，他们会隐瞒关系中的沟通、亲近和亲密的重要部分或潜在要点。有时真正的秘密并非秘密本身，而是保密者的动机或意图。所有这些动力都会固化和维持三角关系。

由于明显的理由及其本质，关系中的秘密是不知情者最难以处理的部分，无论只针对一人还是针对多人。为了去三角化，当不知情者突然发现之前自己不知道的秘密时，以一种建设性的疗愈方式去修通其震惊和痛苦是很有帮助的。这种疗愈的一部分可能包括将他们这类情感分享给可靠的人。

对于知情者，秘密也是难以处理的，尽管困难之处不同。一旦他们决定通过公开秘密来去三角化，他们可能需要处理由之而来的内疚、羞耻和恐惧，以及失去不知情者的信任。决定公开或不公开是一种微妙的平衡。

它可能也会伤害不知情者和别人。有时保守某个秘密可能会比公开它实际带来的伤害更大，尽管公开它或知道它会很痛苦。而如果他们决定不公开秘密，他们仍旧会长期与那些感觉共处，以及在跟不知情者说话时要时刻留心自己说了什么。

三角关系中，一项或多项这类动力通常都会存在。它们会相互作用，会加强和维持三角关系。而一旦当前的三角关系无法容纳所有成员的痛苦，它便会波及他人，形成更多连锁的三角关系。

结论

三角关系能够给冲突中的两人缓解一些张力，但它也分散了两人修通冲突的努力，以及带来前一章谈到的所有后果。有了本书及从其他渠道获得的相关知识和技能，我们现在可以增强自己拥有健康关系的能力，并开始避免卷入不健康的三角关系。

Chapter 15

疗愈的阶段和过程

疗愈至关重要的部分就是学会设置健康的界限。但不去疗愈真我，只是尝试单独设置它们，最终可能没有很大用处。本章将回顾疗愈的阶段，提供其过程的概要，以及展示如何在其中应用界限。

疗愈的阶段

鉴于界限对于疗愈的所有阶段都有用，首先按顺序定义每个阶段。

第零阶

第零阶表示目前疾病或障碍正在发生，如成瘾、强迫或其他障碍。疾病可能是急性的、复发的或慢性的。不去治疗的话，肯定会持续下去。在第零阶，疗愈还未开始（表15.1）。

第一阶

在第一阶，疗愈开始了，包括参与一个完整的疗愈项目来帮助疗愈第零阶的各种状况（局部的疗愈项目很难像完整疗愈项目那么起效）。

表15.1 各阶段的疗愈重点和时长

疗愈阶段	状况	疗愈重点	大约时长
0	问题正在发生	成瘾、强迫、障碍创伤	不定
1	第零阶的问题	明确基本问题，完整疗愈项目	0.5~3年

续表

疗愈阶段	状况	疗愈重点	大约时长
2	成年儿童	成年儿童问题，完整疗愈项目	3~5年
3	人性／心灵	心灵	持续进行

何时聚焦在第二阶和第三阶通常取决于个体之前的疗愈状况和当前的状况。

第二阶

第二阶包括疗愈成年儿童或依赖共生问题。一旦个体有了稳固的第一阶疗愈就到了考虑这些问题的时候。第一阶疗愈通常持续一年或更长时间。这些成长于不健康的、动荡的或功能失调的家庭的个体，许多可能依然生活在不健康的环境中，无论是在家、在一段或多段关系中或在工作中。

第三阶

第三阶是疗愈人性／心灵以及将其融入日常生活中。这是一个持续终身的过程。

根据所疗愈的障碍或状况，界限在第一阶疗愈中很有用。例如，治疗酗酒就需要设置关于一天中每次戒除酒精和其他精神药物、避免接触高危人事物的界限。有偏头痛毛病的人则需要避免可能引起头痛的压力和因素等。

在第二阶疗愈中，在界限仍然适用的同时，个体开始疗愈其人生更深层的领域，如他们在功能失调、动荡或不健康的家庭和社群中遭受的创伤。能帮我们认识和理解这些阶段之间的关系以及降临在我们身上的各种障碍的一个术语就是依赖共生——一种丧失自我的疾病。在第二阶疗愈中，我们处理的就是这个被称为成年儿童综合征和依赖共生的创伤及其呈现（图15.1）。

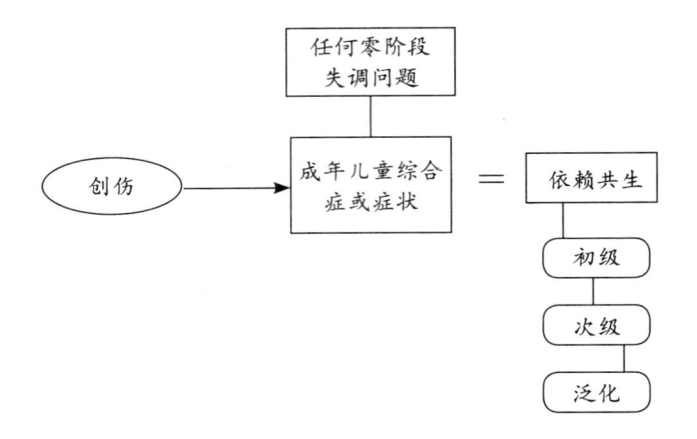

图 15.1　成年儿童综合征、依赖共生、儿童虐待和生理心理障碍之间的相互关系

大多数依赖共生都很原始，发生在童年时期，正如在第 4 章结尾处对创伤过程的论述那样。原始还意味着并非依赖共生者身上的其他问题引发了它，尽管有一些问题是伴随的，包括成瘾。

图 15.1 将这些可能存在于依赖共生中的问题描述为"第零阶问题"。第零阶问题显现了冰山一角，冰山的大部分则是依赖共生或成年儿童综合征。在不同的遗传、家族和环境因素下，个体可能会呈现出不同的第零阶问题。

接受了第零阶问题的特定治疗的人就开启了第一阶疗愈，通常需要花费数月或数年来使其效果巩固（表 15.1）。在第一阶，任何成瘾、强迫或相关障碍都会被提出。一旦处理效果稳定了，该个体可能希望去提出背后的依赖共生（或许 95% 的依赖共生者都存在成年儿童综合征）议题。第二阶疗愈通常需要 3~5 年或更长时间来达到完整的疗愈。在第三阶疗愈中个体能够更加认识到自身的灵性。

疗愈过程：剥去依赖共生的外皮

回顾疗愈过程的一个方法是将之与剥洋葱相比较。每一层都是假我以及我们对其的依附的呈现和后果。每一层都包围、束缚和囚禁着真我——我们存在的核心。

一共有三层。第一层由麻木、痛苦和困惑构成，它们其实是第二层问题的模糊呈现。

我们会一直待在第零阶，也就是问题阶段，直到剥去这朦胧的表层。

束缚真我的第二层由成瘾、强迫和各种其他障碍构成。要穿透这些通常需要花费数月到数年在完整疗愈项目的第一阶当中努力。

藏在这一层底下的是最后一层：成年儿童创伤，以及或许是它最主要的呈现——依赖共生。这一层包含了大量的恐惧、羞耻和愤怒，在第二阶漫长而令人激动的疗愈过程中我们必须处理的三种主要情感。

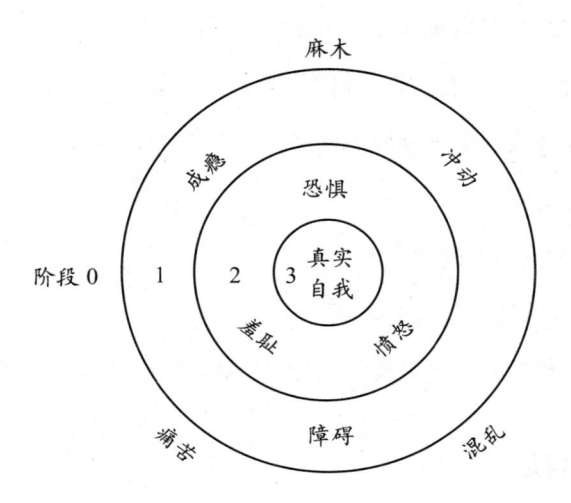

图 15.2　依赖共生的层级

我们也可以将这三层束缚称作我们对假我的依附所带来的临床表现和后果（图15.2）。在所有外层的底下，在我们存在的核心处，是疗愈的目标和我们的真实身份——真我。

通过整个疗愈过程，我们剥去这些外壳。剥去每一层的工作包括了识别、提出、体验和疗愈被称为"未完成事件"的多重问题和障碍。本人在其他书中叙述了处理第零阶、第一阶和第三阶问题的方法，而本书的内容集中于第二阶疗愈的未完成事件，尤其是建立健康界限。要完成这些事件，包括了下列领域的疗愈工作：哀悼、原始伤痛的释放、修通核心疗愈议题、人格建构、完成发展任务和设置健康的界限。

这些疗愈工作相互影响、相互交叠。它们不一定是相互分隔的处理过程。图15.3展示了其相互关系的维恩图。

哀悼

未解决的哀伤就像覆盖了结痂组织的深深伤口，像是一袋子的脆弱，随时准备喷涌而出。它扼杀了我们的活力、创造性和平静。我们需要下述三种元素来哀悼我们未曾哀悼的伤害、丧失和创伤：

1）哀悼的技术。

2）可靠和支持性的他人。

3）足以完成这个过程的时间。

哀悼工作包括一个可以被称之为"原始伤痛的释放"的重要部分。

原始伤痛的释放

"原始伤痛的释放"是一个帮助我们描述和疗愈特定的、严重的和深层的、未哀悼的伤害的术语。它能缓和哀悼过程，也是哀悼工作的重要部分。就如通常的哀悼和疗愈一般，这个过程无法被迫或加快进行，否则我们的内在小孩就有可能藏得更深。有许多种促进原始伤痛的释放的方法，下列八个行为尤其对这个过程有助，同时也是有效疗愈环节的示例。

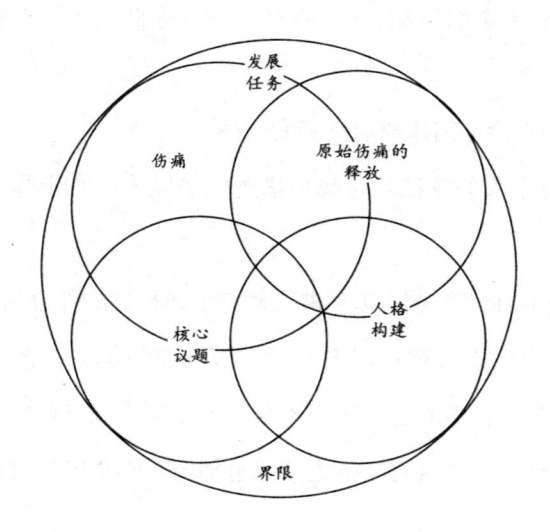

图 15.3　疗愈工作的关键领域及其相互关系的维恩图

1）我把当前的烦心事告诉可靠和支持我的人，如我的治疗团体和个体治疗师。

2）我在认知和体验层面都能把当前的烦心事以及围绕着它的冲突和情感与我的过去连接起来。我可以通过问自己"当下的体验让我想起了什么"并开始回答，以协助这个过程。

3）我可以在日记或不寄出的信中写下它，也可以通过其他可能的体验技术来修通这个冲突及其带来的情感痛苦。

4）我将这封不寄出的信（或任何其他的体验经历）讲给我的治疗团

体或治疗师听。我也可以跟这些可靠的人一起实践这些原始伤痛的部分解决方法，如使用更进一步的体验技术（例如，在治疗师的协助下使用格式塔或心理剧技术）。

5）在这些可靠者的陪伴下，我释放这些存储已久的有害能量，直到觉得释放完毕。

6）然后倾听治疗团体或治疗师的反馈。

7）倾听每个人的反馈后，我来描述做了以上所有步骤之后，此刻的感受。

8）我将任何未来的烦心事和冲突都与上述学到的部分相连接。

原始伤痛的释放是对我们去哀悼未曾哀悼的伤害、丧失和创伤的一个重要激励。然而，单靠这个工作本身并不足以完成我们的哀悼工作，哀悼通常需要数年来完成（将在下述"疗愈精要"中更多地讨论哀悼）。

修通核心疗愈议题

《给自己的礼物》第 11 章描述了修通核心疗愈议题的基本原则。

人格构建

"人格"和"性格"这两个术语不应与个人身份等同。每个人都是独特的个体，由真我的许多方面展现出来。我相信，人格中几乎所有的不健康和破坏性的方面，都是由我们的创伤以及对假我的依附所导致的。由于这些都深植于无意识当中，需要与受过特殊训练且经验丰富的治疗师一起工作来协助疗愈它们。人格构建的意思是疗愈我们先前创伤所致的后果。即便这些似乎是被遗传因素所影响或寻致的，我观察到，如果将它们基本全看作是由创伤导致的，是对疗愈过程最有益的角度。

人格构建中治疗师和团体的任务

人格构建是复杂的。它需要疗愈者的信任与臣服，也需要治疗师的经验和技术。在一些书中对此工作有所描述。想要学习此工作的专业助人者需要有经验丰富的治疗师作为临床督导。承担这份工作并不轻松，下列简短的描述也许能够帮助提供这个过程部分的概要和大纲。

1）治疗师与此人共情地连接。这种连接在他们持续的关系当中贯穿始终。在团体治疗中，治疗师则是团体。

2）治疗师陪伴和引导此人去修通其未完成事件。在团体治疗中必要时由一名团体治疗师协助。

3）治疗师识别出移情，即把来自过去的饱含情绪的材料投射到当下的他人身上，将核心议题及任何"卡住状态"与发展任务相联系，帮助此人将其修通。当我们过度反应，即反应超过了针对该情境的合适程度，就是移情发生的标志。移情有时会非常夸张，但多数时候是微妙的。例如，当我们把治疗师或他人看作、期待或体验为理想父母，忽视了他们作为人类的固有缺陷时；或当我们只顾照顾治疗师或他人的感受以取悦他们，而忽略了自身的健康需要时，移情就发生了。

4）在这种情况下，治疗师的建设性回应可能包括如下行动：

- 倾听和容纳任何投射的材料，共情地连接。
- 提出这类问题（极少，只在合适时才提问）："这种冲突可能让你想起了过去的什么吗？"和"你能让自己感受一下此刻感受到的任何情感吗？"
- 任何建设性方式的协助活动。

- 适当时支持此人的需要。
- 解析（极少或几乎不）某个特定及恰当的动力或连接。

在团体治疗中，如果团体成员显现出对团体治疗师的移情，协同治疗师可以参与并协助组员修通冲突和移情。

5）利用建设性反馈，治疗师（和团体其他成员）在工作中对此人进行确认、镜映和支持。

6）治疗师和其他团体成员在恰当的时候设置健康的界限。这些界限，连同不常说话也不多说话的治疗师，给此人提供恰到好处的挫折，以助其一臂之力，修通未完成事件。

7）团体和治疗师为疗愈者提供了全新的安全健康的人际体验。

疗愈人格创伤包含了所有的疗愈工作，加上修通所发生的移情。对于一名能够提供健康和富有技巧性的工作的治疗师而言，需要合适的督导培训经验来帮助多人长期的疗愈，以及完成他们自己作为成年儿童的疗愈部分。

完成发展任务

完成发展任务的工作是艰巨的，需要对阶段、议题、健康任务和人的不健康发展都有相应的知识。治疗师在合适的时机里逐渐地带领疗愈者超越这些发展的停滞点。

设置健康的界限

正如贯穿全书的描述，学习设置健康的界限是疗愈至关重要的部分。

总结

图 15.4 生动地总结了剥去包围和束缚在真我外面的依赖共生外皮过程中的一些成分。这张图也显示了疗愈中大部分过程都是体验性的，也有一些是认知和行为上的。在我的经验中，每一项通常都与其他项相互作用，例如，行为通常跟认知和体验成分都有关系。

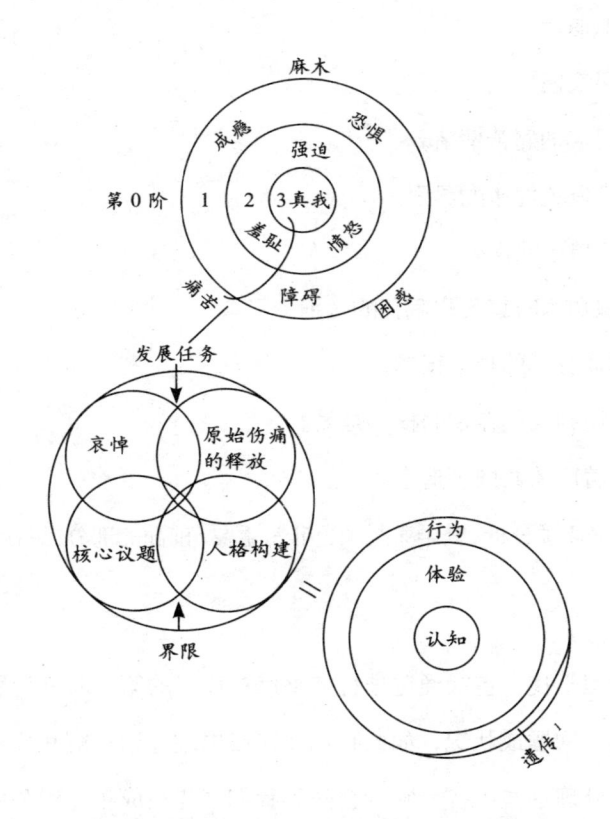

图 15.4　疗愈关键领域的交互作用：认知、体验和行为成分

---

1. 遗传因素在第零阶和第一阶更重要，在第二阶不那么重要。

疗愈精要

至少有 12 种基本行为能够让疗愈变得更加顺利和成功：

1）处理任何对疗愈的干扰。

2）学着活出内在生命。

3）认识我们的情感。

4）认识退行。

5）学习哀悼。

6）学习容纳痛苦情绪。

7）学习设置健康的界限。

8）满足自己的需要。

9）认识和体验真我和假我的区别。

10）修通我们的核心议题。

11）认识到我们存在的核心是爱。

12）学着成为共同创造者。

让我们来逐项分析。其中某些项目非常重要，前面的部分已对此作了讨论。

处理干扰

学习处理干扰，包括通过进行完整疗愈项目的第一阶来识别和稳定化任何第零阶的问题或状况，如此我们才能自由地开始了解和疗愈真我。如果我们没有处理这些干扰，它们会妨碍我们聚焦在成年儿童和依赖共生疗愈方面的能力。

学着活出内在生命

在依赖共生中，我们对外在生活的关注达到了不健康的程度。在疗中我们学着集中在自己的内在生命（图1.1），这样才能更成功地享受生活，包括与他人互动。

认识我们的情感

情感是内在生命主要和关键的部分。为了认识它们，我们通常必须与每种情感"近身肉搏"。这么做之后，我们便深入了解了它们，并逐渐能够对每种情感做下列事情：识别它、感觉它、体验它、修通它、使用它，然后放下它。

特定时刻产生的特定情感可能有用，也可能没用，甚至可能伤害我们。除非我们能够识别、感觉、体验和修通它，无论多么痛苦；否则我们便无法利用和放下它。

认识退行

第5章已经讲了一些认识退行的重要原则。

学习哀悼

学习哀悼是至关重要的。当我们完成了对过去未哀悼的伤害、丧失或创伤的哀悼后，就能够从曾经被它们封锁的慢性痛苦中解脱出来。疗愈的一个主要内容就是哀悼。

当我们修通哀伤时，首先是去认识我们体验到的是哪些伤害、丧失或创伤。然后开始哀悼它们。我们哀悼得越多，就能越理解每种出现在自己身上的情感。一旦我们完成了对主要丧失的哀悼，我们便得以解脱，成为真我，并能够随时哀悼任何当前发生的伤害、丧失和创伤。这通常需要数年。之后我们便不会像过去那样，被它们所牵绊。

学习容纳痛苦情绪

学习容纳痛苦，能够帮助我们与当前的不舒服共处，直到我们能够修通并从中成长为止。有时人们是如此沮丧，以至于逃离了他们原本的疗愈目标。更具建设性的选择是与痛苦共处，寻求可靠他人的帮助，如治疗团体、治疗师、指导人或好友。

学习设置健康的界限

本书贯穿始终都在讲述这个对疗愈和生命最基本的行动。

满足自己的需要

学会满足自己健康的需要也是疗愈依赖共生过程中的重要部分。这些需要包括我们生活中生理、精神、情绪和心灵的需要。当我们在与自己的关系、与可靠他人的关系，以及如果我们愿意，与高我的关系（图 15.5）这三种关系中哀悼、体验和生活，我们就能满足自己的需要。

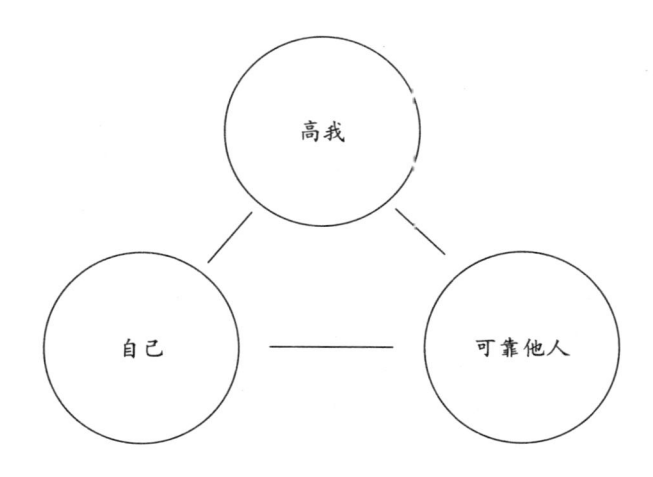

图 15.5　疗愈过程中的三种基本关系

认识和体验真我和假我的区别

疗愈中通常需要花很长时间去体验真我和假我的区别。我们可以从认知角度开始去探索这些区分，如表 15.2 所示。

1985 年，当我开始写作《疗愈内在小孩》时，我发觉把假我称为"依赖共生的自我"很有帮助。因为假我是依赖共生中的"主演"和"伪装者"。

观察自我是真我中重要的一部分，它冷静而不带评判地观察着一切。当我们回到观察自我，会认识到真我和假我之间更多的区别。在所有冲突中，假我都想抽离、理智化和逻辑化，而且逃避一切形式的痛苦。它认为所有事物都是复杂的，而且会把冲突复杂化。即便会给我们造成伤害，它依然故如。

反之，真我则希望体验、连接、创造和赞美。它很单纯，它希望疗愈所有冲突，并从中成长，而且知道自己需要穿越痛苦来达成目的。最后，真我了解它可以通过连接高我来进行共同创造，这是假我不可能做到的。学习分辨这两者是一个持续不断的过程。

修通我们的核心议题

我们的核心议题可能是对控制的需要、全或无的想法和行为、害怕被抛弃或其他方面。无论是哪方面，修通核心议题这件事几乎是跟疗愈的所有方面都密不可分的。当我们对自身、他人愈发了解，就会发现我们每个人都有一些甚至所有议题都需要修通。在本书第 11、12 章，《给自己的礼物》和《依赖共生》的第 23 章都对此有进一步的讨论。

表15.2 真我和假我或依赖共生我的特征

真我	假我或依赖共生的我
真正的自己	不真实的自己，面具
真我	假我，人格面具
真实的	不真实的，"好像"人格
自发的	计划和步骤
广阔的，有爱的	收缩的，恐惧的
给予，沟通	克制的
接纳自己和他人	忌妒的，批判的，理想化的，完美主义的
慈悲的	以他人为导向，墨守成规
无条件的爱	有条件的爱
感受情感，包括适当的、自然的、当下的愤怒	否认或隐藏情感，包括长期隐忍愤怒（怨恨）
坚定而自信的	攻击的和/或被动的
直觉的	理性的、逻辑的
内在小孩，童真的能力	过度发展的父母/成人剧本；可能是幼稚的
需要玩耍和乐趣	逃避玩耍和乐趣
脆弱的	假装总是很强大

续表

真我	假我或依赖共生的我
真实有力	有限的力量
信任	不信任
享受被养育	避免被养育
臣服的	控制、撤回
对自己宽容	自以为是的
单纯的	复杂的;"理智的"
想要真实、连接、体验、创造和爱	想要正确、控制和获胜;告诉我们跟真实需要相反的东西
无防御的,尽管偶尔可能会使用自我防御	防御的
与高我连接	相信自己就是高我
对无意识开放	阻挡无意识的内容
铭记我们的整体性	忘记了我们的整体性;孤立的
自在成长	倾向于反复重演无意识的痛苦模式
私我	公我

认识到我们存在的核心是爱

这一项和下一项任务会在疗愈的最高级阶段（第三阶）进入我们的意识。尽管我们随时可能在某种程度上看到甚至体验到这些，它们在我们完成了第二阶疗愈之后会更容易出现。

当我们慢慢地剥去了这些束缚在我们真实身份外面的表层之后，便逐渐更加自由。这些表层是假我的材料和多年来别人倾倒在我们身上的混合物。当这些痛苦的表层慢慢从身上剥落，我们开始体验到一个事实：我们存在的核心就是创造的火花，是无条件的爱。我们所要的就是成为爱，并将它播撒人间。本书最后一章探索了这个概念和体验。

学着成为共同创造者

共同创造指的是放下我们的界限，以真我加入和谐的高我之爱中。这样做我们能够扩大自己的爱，也能扩大自身，创造出生命中的成功与喜悦。这是我们作为人类所能达到的最高程度的进化经验。当我们达到疗愈的这个最后阶段时，我们就将依赖共生转化成了共同创造。

我们可以将共同创造的过程使用在任何关系当中。我以爱的精神，尽己所能地解决和疗愈关系中出现的任何冲突，剩下的部分则交给高我。

这漫长的创伤和疗愈过程可以画成 U 形曲线，如图 15.6 所示。

结论

本章给出了可以用于认识和实现真我的一些基本行动的阶段和过程。无法真实，就很难设置健康的界限。学习以健康的方式设置和放下界限是一个缓慢的过程，通常要花费数年时间在完整疗愈项目的第二阶疗愈中努力。在第三阶中，继续疗愈自己并成长。这时开始对自己、亲近的人和高我放下一些界限，所有这些都让我们持续朝更加丰富和喜悦的人生开放。

左侧（沿曲线自上而下）：

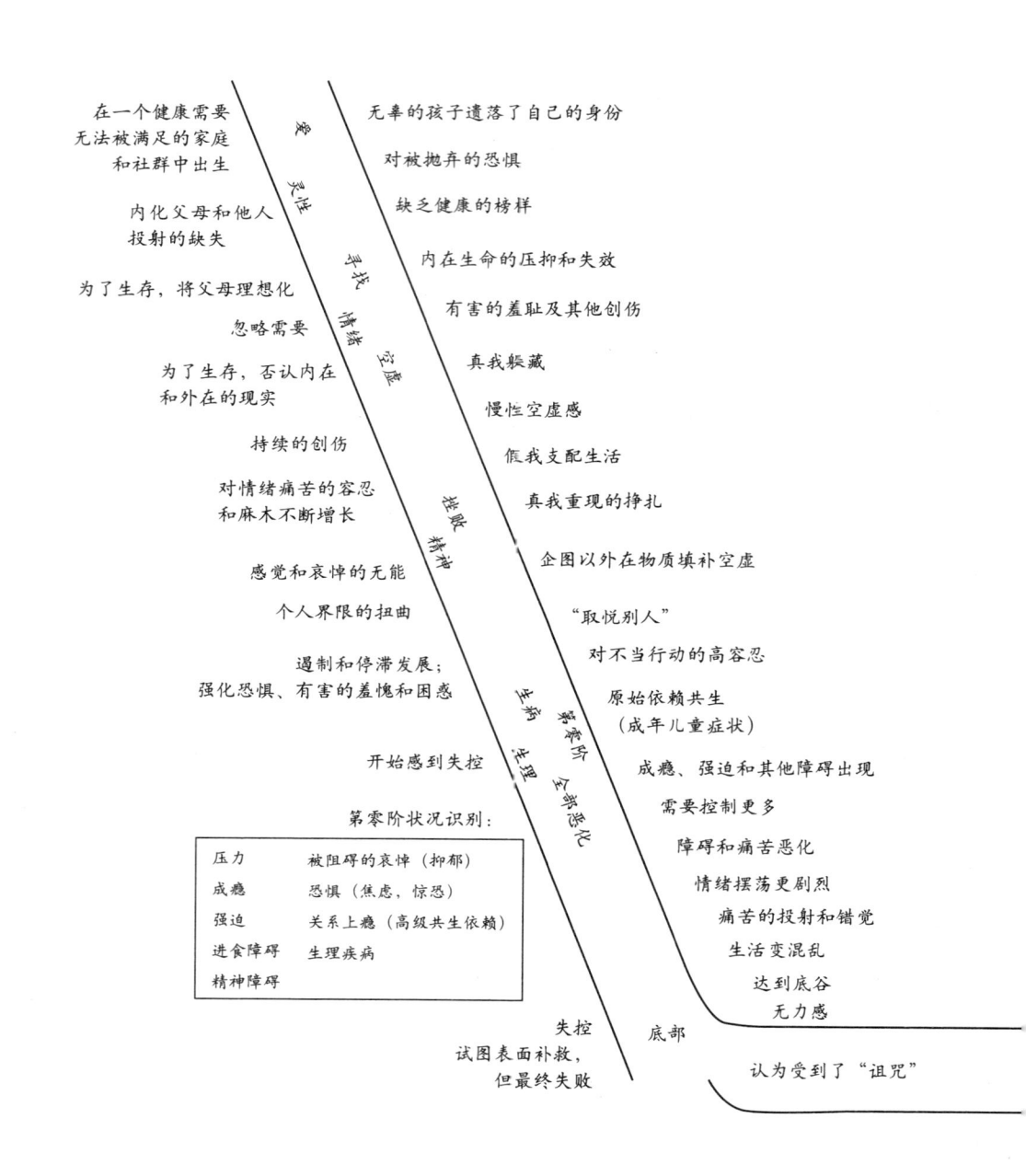

- 在一个健康需要无法被满足的家庭和社群中出生
- 内化父母和他人投射的缺失
- 为了生存，将父母理想化
- 忽略需要
- 为了生存，否认内在和外在的现实
- 持续的创伤
- 对情绪痛苦的容忍和麻木不断增长
- 感觉和哀悼的无能
- 个人界限的扭曲
- 遏制和停滞发展；强化恐惧、有害的羞愧和困惑
- 开始感到失控

第零阶状况识别：

压力	被阻碍的哀悼（抑郁）
成瘾	恐惧（焦虑，惊恐）
强迫	关系上瘾（高级共生依赖）
进食障碍	生理疾病
精神障碍	

失控
试图表面补救，但最终失败

右侧（沿曲线自上而下）：

- 无辜的孩子遗落了自己的身份
- 对被抛弃的恐惧
- 缺乏健康的榜样
- 内在生命的压抑和失效
- 有害的羞耻及其他创伤
- 真我躲藏
- 慢性空虚感
- 假我支配生活
- 真我重现的挣扎
- 企图以外在物质填补空虚
- "取悦别人"
- 对不当行动的高容忍
- 原始依赖共生（成年儿童症状）
- 成瘾、强迫和其他障碍出现
- 需要控制更多
- 障碍和痛苦恶化
- 情绪摆荡更剧烈
- 痛苦的投射和错觉
- 生活变混乱
- 达到底谷
- 无力感

底部

认为受到了"诅咒"

沿中轴文字：灵性、手足、事情、心理、挫败、痛苦、生物、社会、生理、情绪行为、全面退化

图 15.6　成年儿童和依赖共生创伤和疗愈曲线

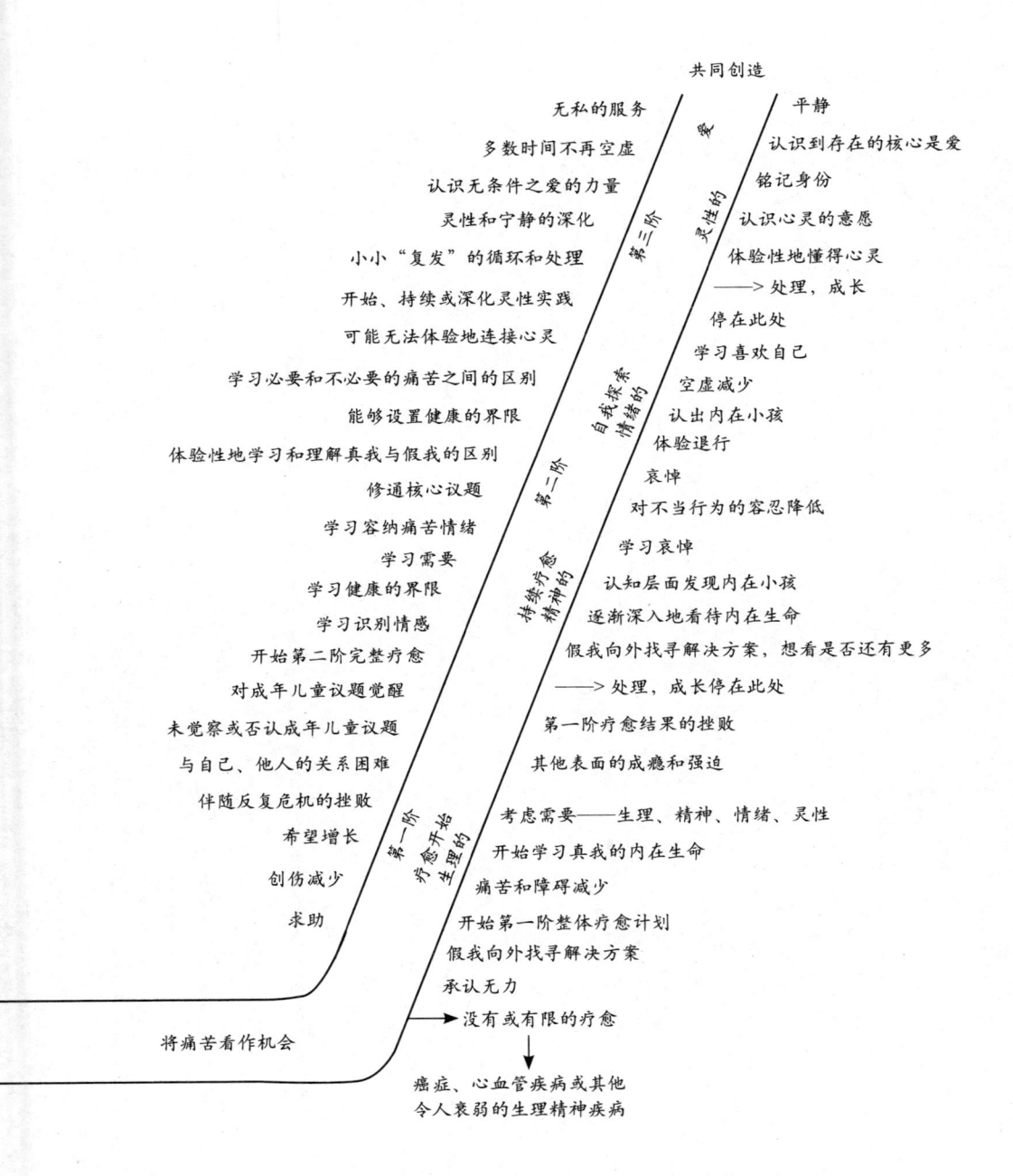

图 15.6 成年儿童和依赖共生创伤和疗愈曲线

第三阶 灵性的
- 共同创造
- 无私的服务
- 多数时间不再空虚
- 认识无条件之爱的力量
- 灵性和宁静的深化
- 小小"复发"的循环和处理
- 开始、持续或深化灵性实践
- 可能无法体验地连接心灵

爱
- 平静
- 认识到存在的核心是爱
- 铭记身份
- 认识心灵的意愿
- 体验性地懂得心灵
- ——> 处理，成长
- 停在此处

第二阶 自我探索 情绪的 持续疗愈 精神的
- 学习必要和不必要的痛苦之间的区别
- 能够设置健康的界限
- 体验性地学习和理解真我与假我的区别
- 修通核心议题
- 学习容纳痛苦情绪
- 学习需要
- 学习健康的界限
- 学习识别情感
- 开始第二阶完整疗愈
- 对成年儿童议题觉醒
- 未觉察或否认成年儿童议题
- 与自己、他人的关系困难
- 伴随反复危机的挫败
- 希望增长
- 创伤减少
- 求助

- 学习喜欢自己
- 空虚减少
- 认出内在小孩
- 体验退行
- 哀悼
- 对不当行为的容忍降低
- 学习哀悼
- 认知层面发现内在小孩
- 逐渐深入地看待内在生命
- 假我向外找寻解决方案，想看是否还有更多
- ——> 处理，成长停在此处
- 第一阶疗愈结果的挫败
- 其他表面的成瘾和强迫

第一阶 疗愈开始 生理的
- 考虑需要——生理、精神、情绪、灵性
- 开始学习真我的内在生命
- 痛苦和障碍减少
- 开始第一阶整体疗愈计划
- 假我向外找寻解决方案
- 承认无力

将痛苦看作机会 → 没有或有限的疗愈
↓
癌症、心血管疾病或其他令人衰弱的生理精神疾病

图 15.6 成年儿童和依赖共生创伤和疗愈曲线

Chapter 16

界限的其他原则

本书给出了许多识别界限问题和设置健康界限的方法，也将其整合到了关系中的健康自我和疗愈过程中。本章描述了界限与关系的一些额外方面。

坚定而自信

坚定而自信的态度是表达和设置健康界限有效的方式。当我坚定而自信，我在满足自己需要的同时，也没有攻击或故意伤害他人。反之，当我对别人有攻击性，我通常会伤害他们，也会制造难以解决的冲突。这常常是双输的局面，跟我坚定自信时形成的双赢局面是相反的。去评估我是否坚定自信的方法是，当遭遇某事时，检验我和对方当时对关系的感受如何。如果双方感觉都不错，我应该就是坚定自信的。但如果有任何一方感觉不好，那很可能我们当中的一方或双方都是有攻击性的。同时也可能有未解决的冲突。

在坚定而自信的状态中，我通常设置了健康的界限——直接的或是与我坚持的东西相关的。例如，你想去看一部你想看的电影，叫我跟你一起去。如果我对这电影不感兴趣，我可以坚定而简单地用平静的声音说"不"或"不，谢谢"。在这个情景中，我表达了我的需要，也因此以健康的方式设了界限。我没有提高音调，也没有朝你喊叫，也没有用其他方式攻击你。现在该你来进一步决定自己看电影的愿望了。

通过说"不",我表达了自己——我的需要和愿望。这个简单的表达通常就够了。在这个意义上,"不"就是一个完整句,我不需要解释更多,或去澄清我说"不"的理由。当一个或许还未疗愈的人确信他必须给出自己说"不"的理由的时候,问题就会产生。这种行为最终会复杂化,混淆最初简单说"不"就能搞定的情况。如果以这种方式将问题复杂化,我可能会变得防御,我们甚至可能会开始一场不必要的争吵。

学习变得坚定而自信,需要在一个安全的环境中长期实践,最理想的是能在一个完整疗愈项目的背景下进行。这是因为,如果没有能够坚定自信的健康自我,我无法学会坚定自信的态度,也因此不能设置健康的界限。

教师和助手

在整个人生中,我们持续地从不同的人、事、物身上学习界限。我们从诸如父母、其他家庭成员、老师、同伴和其他人身上学习,包括治疗师和咨询师。

这些关系的任何一种,本质上力量都是不同的——除了同伴关系外,其他通常都有特别的规则。这些规则可能包括,尽管偶尔会有朋友的感觉,但在这种特定的关系中,传统的友谊并非目标。既不是取悦别人,也不是让他们喜欢你或爱你。对父母而言,目标可能是健康的教养;在工作场所,目标是完成工作;在教育中,目标是学习如何学习。不过,每种关系都有可能发展出亲近或亲密。跟同事或上司亲近或亲密可能并不合适,但在家庭、好友或爱人间就可以。与学校老师的关系则处于两者之间。

治疗师和咨询师

面对治疗师或咨询师，去放下我们通常的界限，逐渐倾诉真相，恐怕是更加合适的。虽然我们不能期待他们"修好"我们或对我们施"魔法"，关于界限，我们是可以从他们身上得到一些东西的。首先，治疗师或咨询师会以他们的方式对健康界限以身作则，如准时开始和结束治疗，在治疗中不接电话或受其他干扰。他们也会对我们的界限保持尊重和不侵犯。其他时候，当他们事无巨细地帮助探索我们的经验和真相时，指出我们的某些界限可能是恰当甚至应该的。这也包括当我们出现不健康界限时指出来（表16.1）。

表16.1 治疗师如何帮助形成健康的界限

1. 对健康界限以身作则
2. 对来访者的界限保持尊重和不侵犯
3. 指出不健康的界限
4. 协助增加对内在生命的觉察和利用（例如，疗愈来访者的真我）
5. 协助发现、收回和维持健康的界限

在家庭治疗中指出不健康界限的例子

在家庭或伴侣治疗中，界限侵犯或扭曲是有迹可循的，譬如有人打断别人的话或替别人补充信息、有人提供信息和有人给予帮助等。寻找联盟、结盟、结对（两人关系）或三角关系及其他模式对于评估家庭和伴侣的界限是有帮助的。在与子系统，如父母，一起工作时，米纽琴提到："子系统之间的界限也是必需的，如果父母掺和到孩子们的冲突中、孩子取代父母或侵入到夫妻的领域、祖父母联合孙子女对抗他们的父母、夫妻与自己的父母结盟去对抗配偶等，治疗师要有不同的界限设置技巧。有时治疗师会在治疗开始时引入一个规则。他会说：'在这个房间里，我只有一个规则。这是一个很小的规则，但显然这个家庭是很难遵守的。即，每个人都不能为别人说话，或替别人表达感觉和想法。人们只能说自己的事情，持有自己的回忆。'这个规则的各种形式让治疗师能够强化界限，打断家庭成员对彼此心理空间的侵入，将之视为'违反规则'。当为他人说话或想象别人的想法或将来的行动，侵入、联盟和结盟会被阻碍。"

我的内在生命

这整个过程的关键部分就在于帮助我们达到对真我的内在生命的不断觉察和运用（图1.3）。这是健康界限形成的关键——自我实现、自我完成和自我认识，是我们的真实身份，我们为此而生。无论我们当下在疗愈的哪个阶段，治疗师或咨询师都能帮助我们探索、收回和维持健康的界限。

我的疗愈计划

在我定制个人疗愈计划时，利用治疗师专业知识的一种方法是将他们的帮助加入进来。在《给自己的礼物》《依赖共生》这两本书中都描述了这个过程。疗愈计划本身就是一种健康的界限，它昭告了我希望在自己身上发生的事。界限也是计划本身的一部分，例如，列出"不健康的界限"或"健康的界限"，作为我想解决的一个问题，如表16.2所示。

表 16.2 我的疗愈计划

问题	我想实现的	我打算如何做到
不健康的界限	在生活中拥有健康的界限	团体治疗 聚焦于成年儿童 每周进行，长期参加 12 步骤团体 写日记

这只是举例。我可以以任何我想要和需要的方式来写，只要能对我在健康界限方面的工作有帮助。

对治疗师和咨询师，关于治疗关系中的界限的更多原则，本人写了一本手册《咨询和治疗中的界限》，可以在《健康通信》处获取。同时，玛丽琳·彼得森也写了一本《个人风险：咨访关系中的界限违规》，由诺顿出版社出版。

界限与特定的第零阶障碍

第零阶障碍指的是那些列在当前诊断书上的心理和生理障碍。在完整疗愈计划的第一阶，才是个体提出、定位或疗愈障碍的开端（表 15.1）。这些障碍并没有固定不变的定义，或许介于那些最常见的界限扭曲、侵犯或问题与最常见的精神病、某些人格障碍、戒瘾问题和创伤后应激障碍（PTSD）之间。

思维障碍

有思维障碍的精神病患者无法为自己的内在生命设置健康的界限，阻止他们自己入侵性的思维。这会被他们所听到的自己脑内发出来的声音所加重。某些这种声音，也可以称作旧"录音带"或一些来自我们遭受创伤的功能失调的原生家庭或群体的负面信息。服用抗精神病药物有助于减少这些声音和其他精神病症状，许多有此类障碍的人在病情相对稳定后，都可以逐渐进行完整疗愈项目的第二阶，更深入地去处理。

人格障碍

所有的人格障碍患者都表现出不健康的界限，其中两种尤其明显：边缘型人格障碍和自恋型人格障碍。边缘人格的人经常让有害的内容侵入自身，并投射到外在世界中去；自恋人格的人则大多是向外投射。[1] 偏执型人格障碍患者也差不多，但他们的困扰主要集中在"世界在对他们做什么"的夸大情节中。许多病情轻微或中等的边缘人格障碍患者通过在完整疗愈项目第二阶当中长期和艰苦的努力，会达到非常不错的疗愈效果；自恋型人格障碍患者则极少有人能达到。如同边缘型人格障碍患者，有其他人格障碍的患者也能达到不同程度的疗愈，但达成疗愈的时间通常都超过5年。

成瘾

不伴随上述任何障碍的单纯成瘾也表现出多种多样的界限扭曲状况。他们在第一阶疗愈中最早的工作包括对使用毒品及其他物质或成瘾行为设置健康的界限，还包括与可能导致复发的高危人群或地点划清界限。另一种有用的健康界限是，拆除针对可靠他人和他们的高我（如果他们愿意的

---

1. 反社会人格障碍患者投射的内容跟自恋型人格障碍患者类似，在治疗中的预后也跟后者类似，或者更差。

话）的不健康界限或高墙，让它们进入——寻求和接受帮助。有其他方面单纯成瘾问题的人后期也能够在完整疗愈项目第二阶——成年儿童的疗愈中取得良好的效果。有创伤后应激障碍的人群也一样。

创伤后应激障碍

在创伤后应激障碍中，实质上在过去的创伤经验中受伤的个体，无意识地让他们当下生活中那些可能会唤起他们过去创伤体验的事件引发当下的应激反应。有单纯创伤后应激障碍的个体通常能够立即进入完整疗愈项目的第二阶，并逐渐取得进展。

对成年儿童综合征的诊断或自我认知，最主要的表现是被称作依赖共生的状况，它遍及疗愈的所有阶段，从第零阶到第二阶。如果只是单纯性的、不伴随上述任何障碍或类似障碍的，通常可以在完整疗愈项目第二阶有较好的预后。这两种情况本质上是相同的，它们虽不构成第零阶障碍的诱因，但却会成为其基础或加重它们。尽管界限的原则贯穿全书，并能在任何时候使用，但它们最常被有效提出和疗愈的时机就是在第二阶疗愈中。

疗愈和建立界限

我可以遵循全书提到的多种原则来疗愈和建立界限。我知道没有捷径。我疗愈自己的真我，去做我必须深入我内在生命的事。下面是对过程的总结。随着时间的流逝，我……

- 识别和哀悼我未哀悼的伤害、丧失和创伤。
- 满足我作为人的健康需要。
- 修通我的核心疗愈议题。

我开始认识到童年时期遭受的不当对待——我的伤痛、丧失和创伤，我慢慢地哀悼它们。我看到了自己的界限是如何被侵犯的，并预防这类侵犯将来再度发生。上一章简短描述了完整的疗愈过程，更详细的内容在《给自己的礼物》和《依赖共生》两本书中。

我也可以检验当前关系中的界限状况，包括我的家庭，然后开始清理。当我逐渐对真我有更多的觉知时，可能会越来越多地看到童年时期自己的界限被侵犯的情况，还有成年时期。当我从这些侵犯中疗愈时，我会在内在和外在世界生成健康的界限，包括在跟父母的关系中。

设置界限的过程并不容易，许多身边的人可能会企图破坏我们的疗愈。勒纳说："别指望别人会自动地欣赏我们建立清晰界限的努力。反之，身边人可能会对我们形成了独立的身份而感到失望。但我敢保证，当我们在生理、情绪、才智和灵性现实方面都变得清晰有力，关系会变得愈发健康和令人满意。最终，我们才是决定给别人设什么界限的人。别人无法替代我们。疗愈被破坏的界限可能需要来自导师、指导人或治疗师的指导，但疗愈自我的责任在我们自己身上。"

个人权利账单

作为疗愈的一部分，我开始发现，作为人类的个体，我有自己的权利。作为孩子，甚至作为成人时，我们都有可能被别人看作是只有极少甚至毫无权利的人。我们可能也会相信自己是没有权利的。我们也会以这种假设来过日子。

当我们疗愈真我时，便可以组合自己的个人"权利账单"。治疗团体可以让成员思考他们的权利，并写下来分享给组员。下面是一些团体给出的内容摘要。

1）在生存以外，我有丰富多彩的人生选择。

2）我有权探索和了解自己的内在小孩。

3）我有权哀悼那些未曾满足的需求，以及拒绝那些强加给我的东西。

4）我有权遵循自己的价值观和标准。

5）在恰当的情况下，我有权认识和接受自己的价值观系统。

6）对任何我觉得没有准备好、不安全或侵犯我的价值观的事物，我都有权说不。

7）我有人性的尊严。

8）我有权做决定。

9）我有权决定和尊重我的优先权。

10）我的需要和愿望有权得到别人的尊重。

11）我有权终止跟贬低我和羞辱我的人对话。

12）我有权不为他人的行为、行动、情感和问题负责。

13）我有权犯错误，不必事事完美。

14）我有权期望他人诚实正直。

15）我对自己的所有情感拥有权利。

16）我有权对所爱的人生气。

17）我有权做独特的自己，无须为此感到自己不够好。

18）我有权感到害怕和说："我害怕。"

19）我有权体验和放下恐惧、内疚和羞愧。

20）我有权基于自己的情感、判断或自己选择的理由来做决定。

21）我有权随时改变主意。

22）我有权快乐。

23）我有权坚定，例如，让我选择的健康关系"扎根"和稳定。

24）我有权拥有自己的个人空间和时间。

25）我有权放松、玩乐和无所事事。

26）我有权灵活处事并对此满意。

27）我有权改变和成长。

28）我有权开放和提升我的沟通技巧，以便能被人理解。

29）我有权交朋友和在人群中感到舒适。

30）我有权待在不受虐待的环境中。

31）我有权比身边的人更健康。

32）我有权照顾自己，无论是哪方面。

33）我有权哀悼真实的或被威胁的丧失。

34）我有权相信那些我信得过的人。

35）我有权宽恕他人，也宽恕自己。

36）我有权给予和接收无条件的爱。

你可能也希望去思考自己是否也有以上这些权利。相信每个人都拥有上述每一项权利或更多。健康的界限能帮我们规划自己的权利，相应地，知道我们拥有这些权利能够反过来增强我们的界限。